문학과지성 시인선 **406**

죽은 눈을 위한 송가

이이체 시집

문학과지성사

문학과지성사에서 펴낸 이이체의 시집

인간이 버린 사랑(2016)

문학과지성 시인선 406
죽은 눈을 위한 송가

초판 1쇄 발행 2011년 12월 16일
초판 10쇄 발행 2025년 2월 14일

지 은 이 이이체
펴 낸 이 이광호
펴 낸 곳 ㈜문학과지성사
등록번호 제1993-000098호
주   소 04034 서울 마포구 잔다리로7길 18(서교동 377-20)
전   화 02)338-7224
팩   스 02)323-4180(편집) 02)338-7221(영업)
전자우편 moonji@moonji.com
홈페이지 www.moonji.com

ⓒ 이이체, 2011. Printed in Seoul, Korea

ISBN 978-89-320-2264-2 03810

이 책의 판권은 지은이와 ㈜문학과지성사에 있습니다.
양측의 서면 동의 없는 무단 전재 및 복제를 금합니다.

문학과지성 시인선 406
죽은 눈을 위한 송가

이이체

2011

시인의 말

인간에게는 원래 아무것도 없다.
나는 나를 지배할 줄 아는 짐승을 보지 못했다.

2011년
이이체

죽은 눈을 위한 송가

차례

시인의 말

제1부
가족의 탄생 11
환생여행 12
추락한 부엌 13
화장일기 14
아모레스 페로스 16
실외투증후군(失外套症候群) 18
수수께끼 외전 24
이산(離散) 26
신 27

제2부
너희들의 사랑 31
Alacrima 32
취한 말들을 위한 여름 34
나무 라디오 36
금시들 38
골방 연극 39

자각몽　40
나쁜 피　42
그림일기　44
연인　46
유희　48
소설　50
복음서를 잃어버린 사제들의 연대기　51
앙팡 테리블　54
태엽　56
연혁　58
단어　59
배신놀이　60
회문(回文)　62
날짜변경선　63
채식주의자들　64
혐오　65
낭만주의　66
시에스타　67
나무 라디오 2　70
반목　72

제3부

고아(孤兒)　77
후유증들　78
죽은 눈을 위한 송가　80

詩 82
Eclipse 83
밀회 84
사어(死語) 86
거짓말의 목소리 88
빙하기 91
나비궁전 92
콤플렉스와 징크스 93
사라지는 포옹 94
신생(新生) 96
파종 97
인간론 98
복화술 102
낯선 애무 104
한량들 108

제4부

유언연습 113
친절한 세상 114
요양 116
悸 117
이름이 생긴 이별 120
크레바스 121
천형 122
외사랑 124

알몸들 125
Beastie boy 126
자폐 128
장면의 이면 129
수면제 130
명랑 132
종말론들 134
그림자 족보 135
무간(無間) 136
인간의 신화 138
미물 140
그로테스크 키스 142

해설|안개 · 허윤진 143

제1부

가족의 탄생

피는 발굴하는 것이다
나는 오래된 책에서 그것을 배웠다
백지장처럼 하얀 백사장에서 파도 소리가 인다
파랗고, 빨갛고 노란 점들이
일그러진 원호를 그리며 번지고

바다에서도 건지지 못한 물고기를
소금기 어린 모래 속에서 찾는다
텅 빈 소라 껍데기가 옹알이하는 소리,
신생아는 늘 징그럽고 하얀 느낌
나는 빨갛고 노란 점들도 있었는데
왜 파란 몽고반점만 남았지
그마저도 잃었지
여러 혈관들을 헤집고 다니는 상상을 한다

붉은 갈매기가 버리고 간
둥글고 넓은 거북이 등껍질
익사하지 않은 책을 그 위에 싣고 나는 떠난다

환생여행

실낙원에, 몸은 몸을 비우고서야 돌아간다.
비가 내린다.
이 길 위에서
사람들은 각자 입 없는 신을 얻는다.

발을 가졌던 전생이 서러운 뱀,
나는 그것으로 마임을 한다.

인간은 원래 모두 가볍다.
무거운 인간은 나뿐이다.

추락한 부엌

이곳은 매우 슬프고 아늑하다. 비행운이 없이도 날 수 있는 하늘의 귀퉁이다. 휑뎅그렁한 부엌이라고 해도 좋다. 이건 포크고 이건 의자고. 그런데 왜 이렇게 텅 빈 거지. 이어폰을 끼지 않은, 네가 억지로 밥 먹는 소리. 나는 음악을 들을 때마다 느끼는 청회색 정서가 싫었다. 머리카락 한 올 한 올에 넘치는 이야기들, 그 축축한 식도락. 부엌에서 종이비행기를 접시에 담고 너에게 포크로 자르기를 요구했었지. 미안해요. 나는 발자국도 없이 가벼운 사람. 무단투기된 언어들이 하필이면 부엌으로 몰려만 가는가. 지구의 한 조각을 손에 쥐고 사는 것이 이토록 서럽더라니. 우걱우걱 구겨 넣는 밥 한 숟가락은 비행기 안의 멀미만큼 어지럽고. 하늘에서 구름 조각들을 잡아다가 먹어본 일이 있다. 시궁창에서 벗어날 길은 없다. 어두컴컴한 부엌에서 다리를 감싸고 있다. 노래로 감출 만한 슬픔들을 거울에 비춰보고 싶다. 모든 비행기들은 지구의 한 조각만을 떠돌 따름이고. 무모하게 눈부신 내 사랑, 미안해요, 같이 만져요. 너를 만져도 아무 느낌이 없는 것을 느낀다. 고개를 수그린다.

화장일기

지난 밤하늘과 저녁노을의 얼굴을 본받는다. 썩 마음에 들지는 않지만 어차피 얼굴들은 완벽할 수 없다. 부엌의 열린 창문으로 바람과 함께 들어오는 아침 햇살이 내 얼굴처럼 희고 환하다. 엄마와 엄마의 얼굴이 떠오른다. 사타구니가 서서히 가렵고, 따갑기만 한 내 털들. 엄마, 엄마를 엄마라고 부른 지도 너무 오래됐어요. 어머니를 엄마라고 부르며 내가 엄마에게 말한다. 스킨로션과 마스카라, 파우더팩트, 비비크림, 짙은 쥐색의 아이라이너. 붉고 푸르고 하얀 알렙들. 어머니가 아끼는 노란 접시들이 채 맑아지지 않은 세제 거품들을 산란하고 있다. 엄마, 몇 톨의 방향제로도 꿈을 이룰 수 없어요. 화장한 내 얼굴이 맘에 들지만 역겨워서 몇 차례 토했고, 나는 내 불편한 베개만큼 날씬해지는 꿈을 꾼다. 거듭 거꾸로 돌게 되는 바람개비처럼 어지럽다. 이 정도면 어머니를 닮은 얼굴인가. 접시에 기생하는 세제 거품들이 여드름처럼 우악스럽게 익어가다 새끼에게 밥을 주기 신, 둥지를 교태롭게 맴돈다는 어미 새의 이야기는 꿈이 아닌 셈이다. 알렙들, 반복은 없고 부엌은 유년의 바람개비이다. 이 화장을 지우고 또다시 화장을 하면, 하나의 얼굴을 버릴 수 있을까. 고개를 돌린 태양이 창가로 들어와 무덤덤하게 접시들을 어루만진다. 어머니가 묻는다. 바람이 불고 있니? 세제로 립스틱을 닦으며 내가 대답한다. 아뇨, 내가 만드는 바람만 있습니다.

아모레스 페로스

창가에 앉은 흔들의자에서 아지랑이가 피어오른다
기억의 온도가 차게 식어가는 것이다
창밖의 나무들은 까맣게 메말라 있고
앙상한 창문틀
네가 앉아 있던 의자 위로
늙은 햇살이 제 손바닥을 쓸고 지나간다
내가 버린 추억 같은
추상적인 구름들이 저 하늘에 듬성듬성하다
다가오는 저녁 붉은 손바닥 자국이
오래도록 남아 있는 네 엉덩이를 머금고 있다
너는 늘 그 의자에 앉아 햇살을 마시며
가만히 앉아 있어도 세상은 흔들린다고
흔들흔들
의자에 몸을 맡기고
나는 하늘을 향해 흔들리는
나무의 방향들을 갈무리해보려고
저 가지들 전부 다 잘라버릴까
물어보면 고개를 가로젓던 너

네가 흔들의자에서 내려오기만을 빌었단 말이야
일종의 아사자 같은 여윈 소원 아니 겸손한 욕망
창문이 제 몸의 먼지로
내 시야에 아지랑이를 수없이 뒤덮고
잘린 건 네 두 다리
구름이 성마른 양 벌겋게 달아오르고
이윽고 햇살은 떠나고
나무들과 의자의 사이
뿌옇게 우는 저 웅덩이
파문하는 물결에
흔들흔들

실외투증후군(失外套症候群)*

냉장고 밑에서 열쇠를 찾아냈다
바닷가, 바다에서부터 날 따라온 증기선,
잃어버린 나의 외투, 피리 부는 소녀
지나쳐온 거리들이
이미 갔던 곳으로 돌아가게 되었다
가족을 잃었다

다시 언제나처럼 바다로, 바다로
내가 흘러들어왔던 바다로

외투처럼,
가지 않아도 가버린 것 같다
멀어진 것들의 목록
외투가 가져간 내 몸을 떠올렸다
침묵하는 단수들을 떠올렸으며
단위가 되고 싶었다
아무래도 남겨진 모든 것들이라
내가 너에게 의탁했던

감정들을 돌려받는 거겠지
밀려오는 바닷물에 맨발을 담그고
몸이 시리다고 병신처럼 되뇌었다
늘 외롭고 반듯한 모서리만을 향했다
항상 변명거리를 찾아 움직였다
식물만 내 곁에 남겨졌다

혈통과 모래
이미 갔던 곳으로 돌아가라
외투는 소맷자락 같은 입을 벌리곤
내게 헌신적으로 충고했었다
어제의 네 오지랖을 오늘에야 느끼면서

다리 밑에서 피리 불던 그 소녀
목에 난 사마귀가 참 예뻤다
소금기에 붙어 있는 나를 보고 웃었더랬다
너도 나를 입고 키득거렸지
불현듯 수줍어졌고 불현듯 화가 치밀었다

내 궁상맞은 실연의 부정한 종자들이여
기어이, 또다시 병신처럼 되뇔 수밖에 없었다
사람들은 멀리 가지 않는다
날 지나쳐갈 뿐이다

오로지 나만,
나만 멀리 떠나지 않았다는 사실을 기억해냈다
변명거리들을 찾기 위해 움직여도
결국 나는 입술 없이
피리 부는 말 한마디
멀어져도 잊을 수 없는 촉감이 있다
모래 알갱이들이 선명하게 내 맨발에 앉아
바람을 비벼주었다
소금들은 하얗게 굳은 눈처럼 몸에 맺힌 채
떨어지지 않았다
씻는다는 게 어쩌면 그리도
얄밉고 끔찍했는지
외투는 그렇게 나를 감싸 안아주었더랬지

가지 말아라 가지 말아라,
이름을 붙들어 매고
혼자 외롭고 쓸쓸하게 교수형
비바람이 불어도 몸을 가릴 수 없었다
외투는 이미 날 버렸어
그 따뜻한 입술과 품이 그리웠다
가족애를 대신하는 향수병,
모래사장에서도 태연하게 자라던 꽃과 나무들
순서대로 되는 일이 없었다

도개교에서 증기선과 헤어지고
증기선의 단말마와 인사하고
질식할 것처럼 피리를 불어재꼈다
내 앞에서 나를 비웃는 소녀……
흥정해본 적 없는 피만을 핥았고
냉장고의 빈 틈새만을 고집했고
그림자 안에 들어가기도 했다
바닥이 가장 쉬웠다

잃어버린 외투,
너는 들을 수 없어도 피리를 불고
풀꽃들이 내 몸을 장식할지언정
어차피 나는 빈 몸
냉장고를 열어두고 온 걸 후회했다
그 질서 정연한 착란
홀로 아웅다웅 벌이는 작은 규모의 데스 매치

철이 들면서 남들 앞에서는
입맛을 다시지 않았으나
피가 마르는 심정이었다
새로운 가문을 위해서였다
낡은 기억 속 사마귀가 자꾸 눈앞에 어른거렸다
잊을 수 없는 그 목 언저리의 속살
너 또한 텅 비어 있을 거라고 생각해본다
멀어지는 나의 빈 몸,
외투가 벗어둔 여생
너는 나를 벗고 간 거였구나

드디어 홀몸으로도 단위가 될 수 있는 건가
중얼거리는 입술 밑으로
병신처럼 침을 주룩주룩 흘렸다
소금기가 가득했다
모래 따위는 무시해도 좋을
가족을 만들어가겠지
외투의 혈관을 열 수 있는 유일한 열쇠
진심으로, 나는 무성한 식물원이 되었다
배를 타지도 않고, 그저 따라갈 수만 있기를
슬픔이 점점 귀여워져갔다

* 식물인간 상태. 외투가 날 벗자, 식물만 내 몸에 잔뜩 남았다.

수수께끼 외전
──pneuma

뚱뚱한 귀신들이 올리브나무를 타며 놀고 있다
여인숙의 뒤편
저무는 해는 조금씩 갈라져 더 선연하고
꼬마들이 두고 간 눈썰매가
허옇게 기다리고 있는 저녁
얼음 얼굴들이
버려진 그림자들과 발효되고 있다

무교병을 나눠 뜯으며
삶이 심심해져가는 독학자들은 성냥으로 램프에 불을 붙인다

개미핥기들
숫염소들은 발정 나서 울고
엊그제 따 온 뱀딸기는
모래 마을의 구경꾼들이 훔쳐 먹고 없다

승냥이마냥 기대고 기대어

닿기 시작하는 안식년
산짐승들이 이 겨울에 탕감하려는 음화(淫畵)

자신의 깊이를 견디기 위해 더 깊어지는 눈

꼬마들은 눈썰매를 잊고
목마를 타며 시시덕거리고 있다

겨우내 여인숙 깊숙이 숨겨둔 삼베옷에서는
젖 냄새가 따갑다

이산(離散)

  나비의 날개에서 봄이 접힌다. 휘몰아치는 나선계단의 말미에 붉게 빛나는 대문이 있다. 등(燈) 대신 피를 밝혀놓은 문설주, 바닥엔 낮잠을 깨운 기와가 즐비하다. 열린 문틈으로 노랗게 익은 마당이 펼쳐지고, 원근법으로 늘어진 시절이 덩그러니 누워 있다. 지붕 아래 과년한 나무들을 베어 지은 툇마루에 기녀들이 앉아 꽃잎들이 날아가는 쪽으로 눈길을 흘린다. 가장자리에서 가만히 타오르는 무화과나무, 불꽃이 몰래 살고 있는 나무의 후생이 푸르게 타오른다. 태양 대신 점점이 번쩍이는 꽃송이들이 하늘하늘 날아간다. 최후의 종교가 사랑방에서 단잠에 빠져 있다. 기녀들이 자리를 박차고 일어나 날개 같은 부채를 휘둘러 불꽃을 시들게 한다. 불현듯 별채에서 순례자들이 바람결에 통곡을 반주한다. 서까래가 구불구불 흐르고 있다. 어느 계절, 어느 시절인지 분간할 수 없다. 순례를 가득 진 등짝들이 몰려간다.

신

사탕수수 밭에서 불길이
전염병처럼 휩쓸려오고 있다

조랑말들은 이제 우는 법을 알게 된다
통제를 할 줄 모르는 무녀들
호각 소리만 산허리로 검푸르게 퍼져나가고

달이 바뀔 때까지
이승에서는 노공이 문풍지를 바를 것이다

장독대 밑
깨져 있는 옥구슬,
불꽃 한 송이 한 송이를 애틋하게 품으면서

승려들은 들판을 그냥 건너지 않는다
시허연 머리를 수그리고
관찰하는 인사말
수증기에서는 피 냄새가 난다

제2부

너희들의 사랑
—시드와 낸시

  너희들은 같은 꿈을 꾸었다. 쉰내 나는 낡은 술집에서 새벽을 넘기도록 술을 마셔도 괴롭지 않았다. 너희들은 전깃줄이 흐드러진 밑바닥에 발을 쿵쿵거리며 베이스 기타를 쳤다. 그러니까, 어느 무엇에 대한 노래, 이젠 놓아야 한다고 깨닫는 순간부터 비로소 놓아버리는 순간까지의. 너무도 긴 시간이었다. 베이스음 같은, 낮은 곳이었고 더 오를 곳도 없었다. 없어도 되는 것들이었다. 섹스를 하지 않은 채로 잠들어도 내내 한 꿈 안이었다. 테이블의 닳아빠진 모서리에서 꽃이라도 필 것처럼 초록빛이 맑았다. 그렇게 늙고 추한 간판 아래였는데. 넘어진 술잔과 의자는 같은 계이름이었다. 단조로운 음을 되찾기 위해 위험하게 튜닝을 했고 너희들은 서로의 눈을 피하지 않았다. 무섭고 우울한 키스였다. 앉아 있거나 서 있거나 결국 가까운 건 하늘보단 바닥이라는, 너희들의 노랫말. 기타 줄은 하나하나 다 뜯어져 있었고 피크는 술잔에 담겨 있었다. 이건 절대적으로 너희들에게 불리한 꿈. 눈 감아도 너희들의 사랑을 볼 수 있었다.

Alacrima*

 나는 물결무늬가 그려진 페인트 통을 가졌다. 어항을 갖지 못한 식물들의 불평이 만담을 이루던 아침이었다. 커튼이 채 가리지 못한 틈을 통해 햇살이 거실로 손가락을 들이밀었다. 텔레비전은 전파와 어긋난 쉰 목소리로 신음했다. 페인트 통에 손을 넣자, 뿌리를 잘린 금붕어들이 손가락을 물고 늘어졌다. 사막기후가 거실 끝까지 뒤덮었다. 나는 눈을 감고 물을 찾았다. 식물들은 제 몸의 곤두선 이파리에 닿는 모든 것들보다 먼저 아프다고 말했다. 식물들이 몸부림치며 페인트 통을 넘어뜨렸다. 회복당한 상처가 아팠다. 커튼이 아무렇게나 쳐져 있어도 상관없었다. 텔레비전 화면에는 식물원이 무작위로 번쩍거렸고 어항이 없어도 좋았다. 나는 손바닥으로 두 눈을 가리고 잘린 손가락들에게만 이야기할 수 있는 습관을 버렸다. 잎보다는 입이 더 많았던 식물들. 화분이 눈엣가시처럼 남았다. 전부 다 죽여버리지는 못했다! 전부 다 죽여버리지는 못했다! 몇몇을 뺀 몇몇이 그리웠다. 음력으로 된 달력을 한 장 넘겼고 엎질러진다는 것이 애처로웠다. 아무도 나를 찾지 않는 것이 행복하다고 중얼거렸다.

* 무누증(無淚症). 눈물을 잃는 것은 감정이 아니라 병이다.

취한 말들을 위한 여름

이방인, 나는 밤과 낮의 수평선에 이르러 있다. 백 피증 걸린 저 땅끝, 질긴 바다. 이방인, 몇 잔의 술로 데운 열대야가 내 안에서 습하다. 이방인, 여름이라 이곳에선 알코올 냄새가 난다. 담배를 꼬나물고 권총을 허리에 차고. 백사장 앞 부채 파는 좌판은 날벌레들로 점박이가 된 형광등이 훤하다. 이방인, 오늘은 반드시 추워야 한다. 내일부턴 춥지 않을 것이다. 왜 몸의 바깥을 맴도는 온도들뿐인가. 왜 몸으로 들어오는 온도들은 없는가. 이방인, 나의 내부가 다른 내부에 닿아야 나는 흥분된다. 필시 몸이 몸으로 전염되는 거겠지. 성애도 성에도 아니다. 그렇다면 이 찰나는 극(劇)인가 극(極)인가. 이방인, 내부라는 모국을 떠나는 심정으로 너에게 말하고 있다. 파라솔이 더운 바람으로 축축하다. 그 밑으로 펼쳐진 모래알갱이들 사이로 담뱃불을 지져 끄고. 내부의 냄새로 시큰거리는 코끝. 파도는 성이 나 있기보다 취해 있다. 철썩철썩. 취중진단. 철썩철썩, 이방이 이제부터 담배는 끊고 눈을 감아야겠다. 눈앞이 하얗고 내 앞날도 하얗다. 백지는 성공적으로 깨끗한데 나는 왜 이리도 더러운가. 바다는 끝이 없다. 이방인, 내 신파가 어지러워지는 중이다. 나는 총에 맞아 죽을 것이다. 미치기 좋은 운명이다. 늦었다고 말려도 소용없다. 고향은 타향이라는 내부들로 둘러싸인 미궁일 따름이지. 이방인, 좋은 이름으로 태어났어야 했다.

나무 라디오

잎사귀들이 살고 있는 스피커, 한쪽의 귀가 없다
나이테가 생기는 책상에 당신은 앉아 있다
주파수를 돌리자 잎사귀들이 떨어지고
허공은 종이를 찢어 한쪽 소리를 날려 보낸다
나무로 된 음악은 숲을 기억한다
모든 음악은 기억이 부르는 것
당신은 그것을 씨앗들에게 달아준다
소리 없는 나뭇가지들,
뿌리들의 유쾌한 휘파람
계절을 돌며 노래와 주파수를 녹음(錄音)하는 나무 라디오

뛰는 심장을 어루만지곤 했다
절벽에 뿌리를 내린 나무도 그와 같지
그것이 당신의 절규하는 첫 발음, 굽은 음색의 첫 싹
고사목 같은 목소리들이 자정을 알린다
스피커에서는 시퍼렇게 늙은 소리들이 절벽을 뛰어내렸지

소리를 채록하는 것은 나무들의 오랜 습관이라는
것을 알아야
　라디오의 청취자가 되는 거지

　전파가 흘려주는 직유는 꼭 구부러져 있었네
　숲을 이루지 못한 소리들이 잎사귀를 늘어뜨리고
　조용한 꽃을 흐드러지게 피우지
　녹음하지 못한 울음들이 당신에게 갈 때,
　스피커가 아닌 라디오를 끄지

　절벽의 나무로 만든 스피커가 채록한 소리들은
　다 휘어져 있지
　기억해 모든 소리들은 떨어지는 것들이야

금서들

　토하고 받은 사랑 고백 같이 읊조린다. 생물은 생물을 먹고 조금은 배불러서 기뻤다. 온건한 기후가 도시 외곽으로 스며들면 빛은 서식지를 잃어 천천히 검소해진다. 빈민굴에서는 비극을 우화로 전했다. 싸구려 양탄자들을 알록달록 걸쳐놓은 어두운 지붕들. 붉은 입맞춤을 소유하려고 사람들은 말에도 명암을 넣었다. 명절마다 난쟁이들이 짜임새 있는 향기를 팔고자 시가지를 돌아다녔다. 날개 잃은 나방은 정교하게 허공을 음송했으나, 천한 사람들은 밤이면 해의 뜨거운 머리털을 섬겼다. 이제 삶의 형식에서 점점 외로워질 무렵이다. 맨발의 회전목마들과 슬픈 생식기 사이. 감옥을 개조한 빌라에서는 매미들이 말라죽어 우수수 떨어지곤 했다. 간혹 우물에 고이는 미꾸라지들이 자연스러워서 누구도 재채기를 하지 않았다. 이 삶은 번외(番外)이므로, 유골에 남은 눈동자의 이물감을 보듬어준다. 잊기에는 너무 긴 머리카락을 기억한다.

골방 연극

  책들이 몸져누운 골방이었다. 기울어져가는 책들을 감금한 채 연극을 했다. 깨진 유리창 너머로 아지랑이를 따라 자란 나무 한 그루가 있었다. 기름진 꽃들이 피어 있었으나 제철이 아니었다. 흙구덩이에 뒤엉켜 사는 귀뚜라미 울음소리가 창틀 앞으로 허물어졌고 큰방으로 건너가는 미닫이문이 나이를 먹었다. 아버지가 당신의 역할에 맞춰 말씀하셨다. 애야, 저 바깥의 나무 좀 보렴. 귀뚜라미도 풀꽃도 이 골방도 저 나무를 해치지 못하잖니. 나는 상처받은 역할에 충실했으므로 책들을 옷 삼아 은닉되었다. 아버지, 식물도감 페이지 사이에 끼워둔 기름종이를 기억해냈어요. 일부러 기형으로 자란 나무의 맵시가 예뻐서 나는 울었다. 만신창이가 된 몸이야말로 울지 않는 내 목소리와 어울렸다. 늙은 아버지가 나를 질투하기 시작했다. 모두들 윤리적으로 우울해졌다. 책들도 흙들도 모르는 도덕이 세워진 셈이었다. 골방을 무대로 삼을 일이 아니었다는 것. 닫힌 미닫이문이 입을 열었지만 아버지에게서도 상처가 발견되었다. 무너지지 않는 역할극에 치중하느라 대사를 잊었다.

자각몽(自覺夢)

밤처럼 흘러내려온 영화관의 말석을 마주보며 스크린이 깔렸다
자막은 나의 피부였다
본 적 없는 꿈이 영사기 바깥에 있었고 눈먼
나에게 꿈은 이미 음악이었다
필름이 돌아가는 소리야말로 가장 음악적이었다

노랫말이 끝날 무렵에야 나는 내가 살아온 날들이
감정 이상이고 내가 살아갈 날들이란
인생 같은 영화 한 편일 것임을 깨달았다
보이는 것만을 믿어온 세월이 죄악이었고
나는 조조할인만큼도 용서받지 못했다
유배지에서는 자막을 읽을 수 없었음에도 나는
죄의 삯으로 눈이 보이는 순간들을 부여받았다
장면들이 하나하나 스쳐 지나갈 때마다
음악들은 각자의 면죄부를 흥얼거렸다
엔딩 크레디트가 올라가는 순간까지, 나는
한마디 대사조차 듣지 못했지만 노랫말은 존재했다

는 걸 알았다
  참으로 죽음 같은 장면들이었다
  피부를 갖지 못한 음악들이 꿈을 꾸었으며
  꿈속에서만 매진된 영화로 스크린은 피범벅이 되었다
  용서받지 못한 이들은 면죄부를 연주할 수 없었다

나쁜 피

　나는 축제를 터뜨리고 말았다
　높고 고요하게 쌓여왔던 환호성들이
　샹들리에 아래로 무너져 내린다
　내가 야수들을 거느리고 오래된
　포도주 잔을 들고 건배를 외칠 때
　샹들리에 군데군데에 비스듬히 고개를 기울이고 있는, 여러 색깔의 도마뱀들
　볼 수 없는 눈을 선물받는 순간이여
　나는 내가 예언한 것들을 모두 부정할 수 있다
　이 야수들의 부모는 결혼한 적이 없어,
　사랑을 나눈 남들이지
　어떤 연인들이 샴쌍둥이처럼 들러붙은 채 피아노를 연주하고 있다
　피를 그리고 있다
　네 눈이 날 기만하고 내 눈이 널 기만했으니,
　우리 서로 외면하자, 절교하자
　피를 나눈 남들이 악수하며 말했다
　그 어느 누구도 오랫동안 나에 대해 모르기를

사생아들이 서로를 야수라고 부르며 폐병 걸린 키스를 하고,
　세상이 날 갖지 않겠다고 결심한다
　흐느껴 우는 귀머거리와 섹스하고 싶었다
　환호성을 끝맺는 귓속말로 나는
　모두의 첫번째 입술들을 훔쳐간다
　내 유년의 축제에서 분가(分家)한 감정들
　쌍둥이의 몸을 나누어주기 위해 수술을 결정하자
　수은기둥이 종처럼 윙윙 울렸다
　야수들이 양 떼처럼 온순하게 다시 축배를 들고 조용히 시시덕거린다
　볼 수 없는 눈으로 도마뱀들을 더듬는다
　이 푸른 광기의 기억을 납골당까지 속삭이기를
　모두 불행하다

그림일기

아버지의 도치된 먹구름들이 안방에서 흑백의 꽃잎처럼 흐드러졌다. 하늘은 잿빛으로 메마른 수레국화였다. 마룻바닥엔 처녀혈로 얼룩진 걸레가 있었고, 누나는 나오지 않는 물을 펌프질해서 끄집어냈다. 물방울 머금은 얼굴에서 이글이글 뿜어져 나오던, 그 차분하게 빛나는 향기. 나는 나를 사랑하므로 동정녀가 아니야. 그녀는 어리고 오래된 노랫말로 일기장을 잠그며 말했다. 주전자가 패랭이꽃 옆에 차갑게 앉아 누나를 보고 있었다. 부서진 기왓장들이 그녀의 나이만큼 쌓인 앞마당에선 나비들이 곡예를 했다. 더 많은 날개가 생기면 땅속으로 기어들어가고 싶다 했던 나비들. 누나는 일기장을 안고 누리끼리한 송홧가루로 분칠한 처마 끝을 물끄러미 바라보고 있었다. 다홍빛으로 투명한 치맛자락이 나풀나풀 바람과 몸을 섞었다. 마당에서 그녀가 어릴 적 즐겨 부르던 동요들이 저마다의 후렴구를 쥔 채 귀신 들린 각시춤을 추었다. 다시 태어나지만 않는다면 언제나 너를 생각할 거야. 빨간 시집 같은 누나의 입술이 가지런하게 움직였다. 안방에 만발해 있던 먹구름 중 하나가 마루로 기어 나와 일기장에서 비문(非文)을 골라 밑줄을 그었다. 그날 많은 동요들이 병을 앓았다.

연인

우리는 서로의 몽타주다
나는 세계를 지우는 일을 했고
너는 세계를 구성하는 구멍에 빠졌던 가난

의붓아들과 의붓딸의 만남
우리를 낳지 않은 우리의 부모들을 탈각했다
가진 적도 없던 것을 지키려고 애썼고
서로 악수하면서 서로의 손을 혼동해서 침묵했다
우리는 어디에도 보이지 않게 되었음에도
거울로 방을 가득 채웠으며
서로의 혈액형도 모른 채 피를 섞었다

나는 녹슨 문 앞에 앉아
고드름을 부러뜨리는 부랑아
너는 너에게도 어울리지 않아서
하염없이 누군가를 치환하지
우리가 살찌고 행복해서 잃어버릴 때
잊을 수 있겠지만 잊지 않겠다는 주(呪)를

미신처럼 읊조릴 거야
내가 없었던 세상을 가장 근처에서 만지는 일
네가 없는 꿈을 꾼 적이 없다

우리는 유기되었다
세계와 거의 비슷해지는 중이다
없애러 간 곳에서 얼어서 돌아올 것임을 안다
갑자기 부끄러워져서 몸이 부풀어 오른다
예쁜 예감이 들었다
우리는 언제나 손을 잡고 있게 될 것이다

유희

어둠을 이해하는 밤이다
제물 없이 신을 맞는다
종교처럼 복수 앞에 매복해 있는 심연
술꾼들은 모두 화형당했다

두꺼비는 가엾게도 턱에 부피를 보탤 뿐이다
몽상이라는 괄호

인간이 아니라
인간을 흉내 내려고 인간을 연구하는

마법은 중요하다
영락없이 참담하다
노름을 할 때마다 풋내기들은 색을 마셨다

어떤 기행도 산문(山門)에는 이르지 못했다

이 수화는 촉수를 요구하므로

기생충들은 다 자살할 것이다
거짓말도 고해성사일 것이다
침묵으로 재림하는 일이 흔하지는 않다
어제는 낮달이 선명했다
누에고치가 많은 장롱에는
숯 냄새가 그윽하다

소설
——fermata

    재와 흙, 구체적인 것은 갖고 싶지 않다. 무성 예술의 말미에서 관객들은 떠나는 법을 배웠다. 하녀들은 보석을 몰라보아서 겸손했다. 망치로 노크하며 방문했던 침입자들은 초라한 형벌을 받았다. 횃불을 밝혀둔 지하도에서, 그들은 자신의 실루엣에 경악했다. 세련되고 그럴싸한 무지가 궤변을 낳는다. 자살에 실패한 사람들은 혼자 울 수 있다는 걸 확인하고는 울음을 참았다. 죽은 이들도 다시 죽을 수 있었다. 뒷모습이 어리둥절해지는 외곽을 향해. 간질병 걸린 처녀들은 겉늙은 목동이 풀피리로 부는 노래를 번역했다. 파탄에 현혹된 사람만이 사건을 쉽게 저지를 수 있다. 요절한 풀꽃들이 지천에 널려 있었다. 포르말린 병에 담긴 작은 인형들이 귀여웠다. 골동품들이 늘어선 무대에서, 배우는 자신의 배후를 포개어 안았다. 모든 사건은 이미 일어난 사건들. 관객들은 초대받은 적 없는 권태로 수몰되었다.

복음서를 잃어버린 사제들의 연대기

 겨울날, 성당의 마룻바닥에 온기를 가하던 시간들을 기억한다. 우상들이 즐비하게 늘어선 제단의 끝자락, 십자가는 차갑게 걸려 있었다. 하늘의 별들마저 동사할 듯한 추위에, 사제들은 우상들의 밑동에 옹기종기 모여 앉았다.

 사제들은 손금을 지우고 그 위에
 성흔(聖痕) 대신 성흔(星痕)을 새겨 넣었다.

 혈관이 터져 응고됐던 핏물이 흘러나왔으나 누구도 비명을 지르지 않았다. 더러는 울 수 없는 눈동자였고 의자에 다잉 메시지를 쓰며 죽어갔다. 죽어가는 형제들을 옆에 두고 다른 사제들은 소경으로서의 삶을 숭배했다. 기도하는 시간은 천체관측으로도 종잡을 수 없었다.

 사제들은 채 식지 않은 형제들의 주검에
 점토를 발라 붙여 데스마스크를 만들었다.

제단에 얹혀 있던 성모상이 피눈물을 흘리며 추위에 떨었다. 붉어진 마룻바닥에 경건한 악마의 사진이 수백 장씩 흩뿌려졌고, 사제들은 다잉 메시지를 경전에 옮겨 적었다. 하늘의 빛깔도 다 바래고 한낮이 되었지만 온기가 느껴지지는 않았다. 바닥의 차가운 낯빛이 우상들에게 전해지자, 사제들은 악마의 별자리를 누설할 수밖에 없었다.

이듬해 부활절이 올 때까지 누구도 죽은 사제들의 다잉 메시지를 해독할 수 없었다. 천장에 매달린 데스마스크들은 누구와도 눈을 마주칠 수 없었고 사람들은 앞만 보고 예배할 뿐이었다. 우상들만이 추위를 기억했다. 꽁꽁 얼어붙은 다잉 메시지였다. 동결되듯 기록된 할례의 묵시록이었다.

그해가 저물어갈수록, 사제들의 손바닥에 이구배기진 성흔도 차츰 희미해져갔다. 마룻바닥의 틈새에선 이름 모를 풀들이 기지개를 켰고 봄꽃들이 얼굴을 들이밀었다. 사제들은 어느덧 다시 새록새록 피어나버린 손금을 보며, 이따금씩 부활절 달걀에 형제들의 얼굴을 그려 넣었다.

앙팡 테리블

정강이뼈를 갈아 만든 홍차,
기침 소리 요란한 이 밤에 잔잔히 채워 넣는다

참회하는 습관대로 누군가는
나직하게 기도를 저지른다
저 미끄럼틀 좀 보렴,
미끄러지는 데에도 형식이 필요하다니
학대는 어쩌면 미약하고 미흡한
겁먹은 발길질에 착상하고 있는지도 몰라
누구라도 간섭받고 싶은 요술이어서
무섭고 설렌다
하얀 암시, 두개골에서
구체화되어가는 멀미를 닮은

인색하게도, 시간이 음악을 조각하느라
중복된 눈물들을 전부
흘릴 수는 없는 것이다
색연필로 통점을 짓누르자

꽃잎의 몇몇이 시든다
음정마저 기절한 때에만 연주되는 심금(心琴)
미망(未忘), 미망
혈색이 검다

태엽

화염의 번식은 사물의 몫이다

돌멩이들은 공백이어도 무방하다

첼로가 눈사람에게

순례의 말로에는
풍화되지 않을 암석만
모래로 분장한 채 고고하게 앉아 있다

혁대를 두른 동물 인형들이
휘둥그레 눈 뜨고 잔다

사랑이 횡포를 부리던 지옥

뭍은 푸석푸석할 수밖에 없다

여우들이 어두운 숲의 밤을 쓸고 다닌다

가장 마지막으로 꾸게 될 꿈을 예고받은
신탁처럼

연혁

나는 유일하지만 고유하지 않은 이름, 불행한 동명이인들을 가지고 있다. 대머리 노파는 폐가를 맴돌았다. 거리는 인기척으로 소란하지만, 사람들은 서로 버려질 것을 염두에 두느라 서로에게 다가서지 못했다. 몽유병자들. 너는 야속한 궤적들이 버거워 나날이 야윈다. 못 박힌 추억 때문에 십자가를 버리지 않는다. 파열음이 뒤섞인 낡은 파이프오르간 소리가 들려오고. 어려서부터 길러온 전래 동화를 오늘 버렸다. 사랑을 알게 된 창녀는 엇갈린 상징이 되었다. 네게서 반납받은 기억을 태웠다. 무덤 속을 더듬어 걸어가는 만큼의, 깊은 가사(假死). 암흑이 해부되어 있을 때 불면은 밝았다. 지금 너와 나는 판이하게 비슷하다. 밤이면 요괴들이 램프를 든 채 거리를 활보했다. 가난뱅이들은 가발을 구겨 쓰고 도둑이 되었다. 모든 뒤를 앞당기겠다고 결심한다. 네 이름은 유령을 애도하지 않는다. 미망인들은 콧수염을 달고 한데 묻혔다. 잠드는 일이 가장 눈물겨웠다.

단어

너는 내가 낳은 쌍둥이
우리 삶은 집시 여자의 눈물처럼 헤프지
나는 풍선
터지지 못해서 불안하지
그렇다면 너는 풍선의 풍선
거부된 청춘을 살았어
세상의 음지로 망명을 가는 기찻길
왜 그랬니 왜 그랬어
포도를 먹으며 기타 치고 놀았지
죽지 않기 위해
살아 있는 것처럼 살아야만 했어
풍선 속에서 풍선이 날아다녀
의연해져
불행은 잠시 동안만 긴 거야
유기견의 입 냄새
그립지만 너는 누구니
이 노랫말도 훼손될 거니까 해피엔딩
눈을 뜨고 키스해줄래?

배신놀이
──김승일에게

너도 움직일 수 있으니
손등에 손등을 기대고는 가만히

사진들은 우리가 태운 게 아니라
불이 붙어서 타버렸지
우리에게는 나침반
비가 오지 않는 날이라서
네가 욕조에서 나오지 않던 그날 밤의 화장실
수증기

수증기들이 단수(單數)가 되던

자물쇠를 입속에 숨긴 사연
숨 쉬려 하는 화산이 무서워서
우리는 들판이 펼쳐진 야트막한 해안가로, 깔깔거리며 도망쳐야만 했지
옛 극장 간판
지금은 괴담처럼 걸려 있어

거무튀튀하게 오염된 갈매기들과
초췌한 코발트블루의 바다
면사포를 훔쳐 쓰고 달렸지
파도
파도

파국하는 상상력이야말로
너와 서커스가 파는 웃음에 식겁하고

짙은 분장의 둥그런 멍 자국에
과장된 채 찢어진 네 입가를 우리 모두 침묵하는
실연이라고 불렀을 거야

불은 무엇을 태우기 위해 타오르는 것이 아니라
타오르기에 무엇을 태우지
타올라서 흘러버리는 물이었지

회문(回文)

비탈길에서 녹은 눈이
쓸려 내려간다
허수아비처럼 심심한
내세(來世)마저도 파문으로 일렁인다
너는 늘 새롭고 외롭구나
사이비 진술이어야 하는 명제
왜 날조되지 않았음에도
청춘을 저당 잡히는 것인지
네가 선 갈대밭이 누렇게 운다
황혼이라는 파국에도
영혼들은 위장되어버릴까
평생의 결핍으로
분홍 꽃물을 끼얹은 저물녘의 노후
그러고도 너는
웃을 수 있겠니
예쁘지 않게 웃을 수 있겠니

날짜변경선

　애착하는 일기를 쓴다. 나는 수취인불명의 표류기에 집착하고, 이곳은 느슨한 파도가 몰아치느라 메말라 보이는 섬. 만신창이가 되어 있는 백사장에서 유일하게 행복하다고 말하고 있다. 스티커들이 덕지덕지 붙은 요트에서 밤을 새고, 침묵을 언급한다. 그리운 나팔 소리를 암시하는. 다시 한 번 눌어붙은 치즈를 만지고 싶다. 빌미는 볼모에 다름 아니다. 인생은 그렇게 함부로 살아 있으라고 부탁하는 일이 아니다. 남는다는 것이 그리 쉽지 않다는 일임을 알게 될 것이다. 없어지는 날짜들이 수줍어서 나는 묵음의 독순술을 배운다. 죽는 것들을 표정 없이 떠나보내는 법을 터득하는 중이다. 사라지는 것과 죽는 것을 분별하기로 한다. 나는 모래 알갱이들을 하나하나 헤아릴 만큼 지루해져간다. 바다는 소금의 타향. 결말의 출신에 대해 깨닫고는 운다. 나는 나의 삶보다 오래된 내가 밉다.

채식주의자들

 감각을 격리시킨 채로 이야기한다. 내가 이끼 긴 문명에서 태어났을 즈음이었다. 알을 못 낳는 암탉들이 속된 사랑에 감염되었다. 문지기는 뇌쇄적인 실연 괴물, 쾌락과 타락을 음미하느라 밤색 머리의 처녀를 잊지 못한다. 성년식, 술에 취해 옷을 반쯤 벗어젖히곤 이단하듯 놀아나던 촌뜨기들. 쥐덫의 둘레를, 괴혈병 걸린 고양이는 제어할 수 없는 욕망으로 돌았다. 늦가을 들판에 우거져 있던 낯선 색깔들이 성가신 우연처럼 자꾸 눈에 거슬렸다. 그대들은 내일 미끼로부터 배척되어라. 거울을 상실당한 쌍둥이 형제들은 서로를 탐했다. 때로 문지기는 자신의 가면 쓴 얼굴을 곡예라고 곡해했다. 유형은 치명적이었으므로, 들판에는 망원경으로도 풍요로울 차례가 오지 않았다. 흔적보다 더 진한 외상을 찾고 있다. 똥파리들이 닭장의 마디마디에 맺혀 있었다. 변성기 갓 지난 아이들은 출혈이 멎지 않자 통곡했다. 나는 풍향계를 믿어본 적이 없다.

혐오

속절없다

군데군데 도끼 자국이 찍힌 연리지가 도저하다

이 기교는 자해일 따름이다

날씨의 여백에서 뿌연 야생화를 읽는다

독주를 마시고 고꾸라져 잔다

눅눅하게 녹아 있는 종잇장
심술궂은 미행이 이젠 노엽지도 않아서
다 공황이다

몽상가들이 신문지를 주워 모아 다시 쓰는 비망록

어부의 긴장된 그물질이 탁월한 탓에
밀실은 자꾸 많아지고 있다

낭만주의

벌거벗은 자들의 사막
깨진 달에서 다른 어둠이 발견되었다

타오르는 자화상을 가진 모래들은
형형하게 식어 보드라웠다
독을 뺏긴 뱀이 비단결 같은 모래 위를 지나가며
비단길을 만들고 있었다

음유시인들은 하늘을 향해 웃지만
그들의 밤에는 오직 기계만이 가득할 뿐*
모랫길 위로 연기가 흐드러진 달빛을 따라 흘렀다
벌거숭이들은 천사를 꿈꿨으며
질 낮은 낭만이 태양의 반대편에 자리 잡았다

이미 깨져버린 달은 충혈된 눈
그림자가 고향을 찾지 못해 울었다

* 앨런 긴즈버그 Allen Ginsberg.

시에스타

낮만 있는 나날들이었다. 족쇄들이 입을 벌리고 널브러져 있었다. 어린이 영화의 키스신을 보는 표정으로, 우리는 배운 적 없는 외국어를 중얼거렸다. 먹던 빵을 얼이 빠져가지곤 손에 꼭 쥐고 있었다. 앞자리의 차가운 철제 의자들이 우리를 멍청하게 쳐다보았고. 머리카락들이 잡초처럼 무성하게 널브러져 있는 극장 바닥. 그때 우리는 모두 벌거벗은 몸이었다.

끔찍한 여자야
넌 침이 흘러넘치는 혀를 날름거리지도 못하지만
정말 탐욕스러운 상징이구나.

미친 사람들을 위한 축제.
우리는 미역 같은 머리를 가진 귀여운 여자들을 데리고 와서 놀았지.
그런 날이면 바다가 나오는 낡은
영화 필름을 틀어둔 채
영사기가 들썩거리도록 섹스를 했더랬다.

엄마, 보고 싶어요.
듣기 싫다, 당장 그 징그러운 알몸을 집어치워.

젖은 폭죽을 터뜨리기 위해 애쓰기를,
피눈물이 나도록.

아무한테도 기대지 않을 거야.
내 침만 시음(試飮)하면서 살 거야.
혼자 살 거야.

검은 웅덩이에 손가락을
소심하게 살짝, 담가버리곤 떠난다.

정신병원에서 진단서를 보내올 때
비디오테이프들 위에 기름을 끼얹고 불을 붙였다.
드레스를 입고 구역질을 하던 기억들 때문에
웃고 울기를 반복했는데.

우리가 나눠 먹은 머리카락들은 전부 다 어디로 간 걸까.
 돌이켜보면,
 섹스는 축제 날이 아니어도 아프고 좋았다.

 옷장으로 숨어들어가는 내 어리고 여린 신체들이여. 숨 막히게도, 극장 구석구석에서 장미꽃들이 미친 듯이 피어났다. 우리는 그때 비로소 개봉되지 않은 무허가 영화들을 자유롭게 볼 수 있었다. 배경이 죄다 바다인 것은 아니었으니까. 변함없이 빵 부스러기들이 얼굴의 도처를 지배하고 있었지만 더할 나위 없이 미끄러웠다. 우리는 늙어빠진 늑대가 되어갔다. 쓸모없는 장난은 생각도 하지 말자. 기어이는 밤이 올 거라는 사실로 인해 슬펐다.

나무 라디오 2
―실내 정원

창문 하나 없는 새하얀 방,
바오밥나무가 그 가운데를 뚫고 불협화음처럼 자라나 있다
그녀는 나이테를 몸에 새기며
지팡이에 서린 곰팡이처럼 둘레에 머문다
수많은 가지들의 옹이에 맺힌 낡고 맑은 얼음
음악들이 그 안을 맴돌며 소음(騷音)하지만 들리지 않는다

기억들이 튀어나오려 하면
입안을 맴돌 뿐
유서처럼 오래도록 밀폐하고 간직할 음정(音程)들
발음해선 안 되는, 깊은 주름의 배경

말할 필요 없어
사방의 벽들만 들을 뿐인 걸
천장이나 바닥이나 실은 전부 벽에 불과했더랬지
마맛자국으로 가득한 바오밥나무의 몸뚱어리는

뿌리로부터 시작된 소리들의 기록이야
나이테는 세월이 남긴 상처가 아니라
세월의 목소리
그녀는 어느 누구의 목소리도 기억나지 않는다고
생각하겠지만
바오밥나무보다도 선명한 그녀의 나이테

들리지 않는 얼음 속의 음악 소리
그녀가 배신해야 할 운율에 관하여
얼음들이 내향하고 있음을
그녀는 녹음되지 않기 위해 발설하지 않는다
이 징후(徵候)가 누구에게도 들키지 않기를
빌어본다

반목

이삭을 줍느라 해후하지 못한 생애들
불결해지지 않는 풍경을 담보로
서로를 향한 죄악들은 묻어두기로 한다
손재주가 부족한 나머지
남루가 남겨진, 과수원의 맑은 꽃상여
침묵뿐인 폐교에
교향곡처럼 부활하는 참이었다

괄태충은 자신의 패턴을 터널로 그렸는데
누구도 떠나지는 못했다
시작이야 쉬운 것이 집착이고,
유리종은 이미 반듯하게 깨져버린
세대의 가명(假名)
지친 채 바라보는 빈혈이
얼굴 가득 파여 있었다

검은 비,
코뿔소들이 한차례 휩쓸고 가듯

먼지 몰고 떠나는 무개화차
시대에 일치하는 불안이 없어서
피난길도 오락이었다
칠판에서 부스러져 앉는 백묵 가루들이
차마 은은할 수밖에 없었다

제3부

고아(孤兒)

 당신이 나를 부르는데 왜 내 이름이 아닌지 궁금해졌다.

후유증들

거울을 앞에 두고,
춤을 추어야 하는 물신(物神)에게
말을 걸어선 안 된다

원앙새는 예리하게 털갈이를 하고
증오스러운 유리 조각들을 쪼아 먹는다

긴 독백은 재생을 박탈당한 채 썩어가기를

노인이 바이올린을 조율하며
현(絃)과 음(音)을 쓰다듬고 있다

공포로부터 파견된 정신은
마지못해 확률들을 부스러뜨린다
막 독약을 마시고는 얌전히 앉아 있는 소녀의
말갛고 청량한 기다림

삶의 삶인 증표로서,

미연에 닫힐 수 있던 문마저도
좌시해야 한다

가장 기울어진 그림자를
식물의 꿈으로 통역하도록 방관할 수밖에 없다
선천적인 고아들이 공허를 야기하고
살결들이 묻은 낡은 벽지에
상앗빛 반역
망막 언저리에서 시무룩한 전설이 떠오른다

죽은 눈을 위한 송가

잊지 않은 것을 기억한다

연꽃 아래서 피어나는 주검

무너진 밤은 밝고, 설익은 해는 색을 지운다
어제 태어난 잠이 오늘
눈 뜬다

어떤 우주에서만 흐르지 않는 숨이 있었다

저무는 눈가에는
누군가가 등불 없이 스산하게 잦아든다

풀꽃들이 암수를 알 수 없는 음양을 가졌다

향을 피우지 않고 춤추는 여승들과
폐허
폐허

폐허의 허물

도시는 허물을 벗고 기어 다니고 있는 것

어느 길에서든 간단하게 헤매면서, 누구도 시린
눈을 죽일 수 없었다

나무들이 받아들이지 못한 숲
칼의 뼈

흉터 위에 소복하게 내려앉는 색을 보듬고

이형(異形)의 인생이
마르지 않는 강가에 이르러 눈을 씻는다

피와 눈물

피의 눈물

詩

  몸에 당신의 일기를 베끼고 바다로 와서 지운다. 내 죽음으로 평생을 슬퍼해야 할 사람이 한 명 필요하다. 당신은 말해진 적 없는 말. 모든 걸 씻고. 이렇게 당신이 바다에서 눈물을 흘린 게, 눈물을. 바다의 푸른 계단이 차례로 무너져 내리고, 절벽에서 하얀 고통들이 비명을 지르며 부서진다. 거품들이 분말처럼 흩어지면 당신이 흘려둔 해식애로 세워지던 안개 도시. 파도는 내 몸에 맞다. 나쁜 말들뿐이다. 나는 아직 당신에게 내 얼굴의 절반을 보여주지 않았는데. 당신은 몇 개의 얼굴을 갖고 있는가. 나는 쓴다. 쓴다고 생각하지 않으면서 쓴다. 쓴다고 생각하기 위해 쓴다. 쓴다. 지운다.

Eclipse

　세기말의 장송곡, 인적 드문 헌책방에서는 누구나 줄거리만 편애한다. 칼날과 풍선. 배꼽의 계명은 실인즉 내부로 빠지는 허구에 가까웠다. 백치들은 궁지에 몰려 공동묘지에서 마리화나를 피웠고, 가끔 창고에선 썩은 버터가 발견되었다. 우아하게 넋 나간 유혹들이여, 너희 묘사는 케케묵고 한심하다. 신비주의자들은 병든 빛깔의 쥐방울꽃을 키우면서 간헐적으로 음모를 꾸몄다. 헝클어진 담요 속 숨겨진 호칭. 석방된 무기들. 사람들은 꾀죄죄한 편린들 때문에 주눅이 든다. 목로주점의 격자무늬 창문은 어느 시간에나 빛에 겨워 서글펐는데. 호박만 먹는 머저리는 어떤 방언도 외울 수 있었다. 은빛 스타킹의 흑인 여자들은 한쪽 귀걸이를 떼어내어 기러기들에게 던져주곤 했다. 푸르스름한 새벽이면 해와 달이 희미하게 만났고, 외설은 언제나 여담일 뿐. 세계의 부음(訃音)으로부터 피조물은 잊혀졌다.

밀회

죽은 자가 무덤을 떠나면
신을 미처 닮지 못한 인종만 세상을 떠돈다

뒤꽁무니가 창피해서
무당은 손가락에서 반지를 빼내어
쇠사슬에 건다
망루의 하반신
작은 개미 떼가 은밀하게 삽입되는 과정
알코올이 뿌려져 있다

지금 이 술래잡기에는
어떠한 미열도 함유되지 못한다
명멸하지 않는 괴물들의
너무도 애달픈,
헐벗은
교미

사소한 은유들

화과자가 잘게 부스러져 있다

부서진
여닫이문 너머
고갈된 무지개들이 새벽하늘 곳곳
스산하게 울부짖고 있다
아직 고요해지지 못한
침묵
여닫이문 너머

사어(死語)

돌은 흙 대신
소금이 깔린 바닥에서
가끔씩 해방되었다

붕어의 배처럼 늘어진 햇살,
그 능선을 따라가면
잡지들이 방치된 빌딩의 음지가
인간 이후로 회유되곤 했다
금비녀가 걸쳐져 있는
치드런한 머릿결,
추잡한

가성으로 불리는 개인들의 경구에
의혹을

휘청거리며 자란 나무들이
봄기운을 앓고,
모닥불 가장자리로 모여드는

노골적인 교외(郊外)들
그들의 추억으로부터 배제된
인생들이 하나하나
슬픈 부록(附錄)이었던 것이다

리본이 없는 스웨터가 버려졌다
생식기를 잃고 흘러 다니는
쓸려 다니는
뱀 한 마리

거짓말의 목소리

나는 누군가의 간절한 거짓이었다.
당신, 정말 날 사랑하는 거야?
아니, 난 당신을 믿어.

거친 비포장도로를 거닐며 당신과의
기억들이 환호하는 것을 귀담아들었다.
당신의 유령들 사이에서 태어난 혼혈아, 끔찍한.
애야, 넌 내 자식이 아니지만 내 말을 들어줄 수 있겠구나.

소년과 촛불.

아이는 우악스러운 눈빛으로 어둠 속에서 자신을 밝히고 있었다.
날 닮은 목소리로 아이가 말했다.
당신의 거짓말을 조금만 내게 주세요.
친절한 손가락들과 입술을 배신하고
나는 당신을 믿었다.

내 전부가 가려지길 기도했지.
크고 작은 돌들이 길가 여기저기에 널브러져 깔깔거리고 있었다.
당신의 얼굴을 닮은 돌들이었다.
유령들의 빈 몸을 등에 지고,
무덤으로 가지 못하는 세월들을 달력에 정리하고.

소년과 촛불.

사랑한다고 고백하지 않았을 때부터
이미 사랑하고 있었다.
얘야, 미안하다, 참혹하게도
어떤 말에도 위증(僞證)할 수밖에 없었어!
당신, 조용히 해요, 이제 더는 내게 말할 수 없어.
더 이상 할 말이 없는데 살아 있어서 말한다.

내 몸에서 목소리의 메마른 흔적들이 만져졌다.
내 것이 아니지만 나처럼 말하는,

어떤 인생들이어야만 한다.
가느다란 불이 나를 보고 있다.
나는 말하지 못하는 것을 말했다.

빙하기

여린 잠자리마다 파고드는 악몽. 짐짝 같은 부모와 쓸모없어 보이는 형제들로부터, 나는 악취미들을 반추했다. 자명종이 시간에 따라 점괘를 맞춘다. 계집애들이 자라서 바깥에 나오자 애써 빗은 머리를 바람이 헝클어놓았다. 왼손잡이들은 미신에 순교했고, 다들 회개할 수 없는 원인만 곱씹었다. 연애담들은 모두 실패한 것들이지. 궐련을 주워 피우던 고아들은 부모 없이 세례받고 길거리를 배회했다. 유치한 일들마저도 화려했다. 나체 고문을 받는 모독 때문에, 나는 달리고 달리지. 함정의 후략된 서사. 늙은 목사는 한때 죽은 누이의 해사한 살결을 보곤, 굶주리는 관습을 훈계했다. 어떤 죽음은 삶의 가장 처음과 흡사했다. 허방에 빠진 사냥개들은 목욕을 끝내고 난로 앞에서 털들을 흘렸다. 상기된 목소리의 치욕을 기억한다. 따분한 성욕이 싫어져, 율법은 스스로를 마취했더랬다. 벙어리들의 합창, 합창. 나는 날 닮은 박제를 사랑할 수 있다.

나비궁전

지하실에서 형이 어머니의 치마에 그려져 있던 나비의 유골을 발견했다. 윤회하듯 웅크린 채였다. 샛노랗게 만개한 털들을 흩뿌리고 살은 썩은 땅으로 스며들어 있었다. 생전에 펄럭이던 횟수만큼 풍성한 뼛조각들이었다. 흐린 흙먼지들이 점점이 묻어 있어 더욱 형형했다. 형은 치마폭에 안길 때의 얼굴로 그것들을 바라보았다. 치맛자락처럼 일그러져 있었다. 유골의 곁으로 울긋불긋한 실타래들이 널브러졌다. 네모지게 깎인 나무 계단은 위층의 전생들이었다. 날개를 늘어뜨리고 걸으면 불편하게 쓸고 오르내릴 수 있는 하나하나씩의 생이었다. 어머니가 한 칸 한 칸 올라갈 때마다 뼈가 차츰 바스러졌다. 우리는 나비로부터 누락된 바람들을 줍느라 미궁에 갇혀버리겠지. 그러니 이 땅을 너무 사랑하지 말자. 먼지들이 사려놓은 색색의 실 뭉치들이 점점 앙상해져만 갔다. 위층에서 새어 들어오는 찬 공기가 지하실을 적셨다. 어머니가 형을 부르는 목소리였다. 올라가자, 궁에 가둔 바람들이 나비를 버렸다. 형이 입을 걸어 잠그면서 유언했다.

콤플렉스와 징크스

적도에서 지렁이들
반대로 마른다
시들어가는 화훼의 시절
오늘은 기념일
──무엇이?
아무도 지렁이가
제 꼬리를 먹는다고 생각하지 않는다
탑의 싱싱하게 파괴된 굴곡
살 파인 상처 자국이 반들거린다
어떤 균열에도
더 낙천적으로 살아갈 수 있다면?
말일이 다가올수록
농담은 너무 인내한다
뼈를 기르겠다고 약속한다

사라지는 포옹

 눈을 감아도 보이는 게 있다. 눈 덮인 산허리에서 바람이 불어오고, 차가운 손길에 나는 몸을 움츠린다. 너는 칡넝쿨로 너를 묶은 채 웅크려 있다. 나무들이 빽빽하게, 빽빽하게. 솔잎들은 너를 찌를 듯이 흙바닥에서 주춤주춤. 나는 나무의 뒤편들을 오가며 숨바꼭질을 하고. 너는 상처를 상상하며 운다. 청설모와 다람쥐들이 나무 아래로 내려오면, 우리 아스팔트 고향에서 들려오는 폐건물에서의 메아리 울음, 그 수많은 생략들. 묶어줘. 나를 풀지 말아줘. 얼마나 많은 흉터들을 건너갔는지. 너는 울면서 내게 울지 말라고 말한다. 허물어진 도시의 먼지들이 이 숲을 빼꼼빼꼼 메워오고. 모두가 너를 잘못 알고 있는 것뿐이라고 속삭인다. 눈가루들로 희뿌옇게 앉은 저 멀리 산 중턱, 너는 메아리를 닮아 차츰 사라져간다. 나를 풀면 위험해. 너는 내게 손 내미는 대신 말을 내건다. 떨어지려는 것처럼 흔들리는 도토리들. 칡넝쿨이 더 세게 너를 옥죄고, 나는 너를 풀지 못하다 아려해저 기는 너를 잡아보려고 손을 뻗으면, 선은 손에서 멀어져가고 손은 선에 닿지 않고. 바람을 지나쳐 보내며 신기루를 믿고 싶다고 말한다. 너무 멀리 와버렸어. 상처가 없는데 아프다.* 눈 감은 내 눈앞에 눈 내리는 풍경이 펼쳐지고. 모든 것이 무너진 폐허에서 너를 안고 눈을 감는다.

* 영화 『릴리 슈슈의 모든 것』에서.

신생(新生)

가루약을 흘리자 검붉은 잔상만 남고
사라진다

나의 종류를 착오하게끔 인간은 설계되어 있다
불시착하지 않는 천성으로 바람은
타인을 흔드는 허물을 가질 것이다
아마 단어는 시한부일 거라는
좁은 경외감
가죽을 까뒤집는 그 잔인한

다음부터는 유감을 먼저 속삭여주리라고

설득되는 삶은 저마다 다를 수밖에 없다는 핑계

휘파람에 맞춰
긴 종아리가 떨리고 있다
마음이 흔들리지 않을 정도의
미풍(微風)

파종

어린 은자가
족쇄에 안긴 발로 병든 잎을 밟으며
밤의 구절들을 닮는다.

  바람이 사멸하는 방향으로 사람들은 떠난다. 계절을 맞히지 못한 능금이 푹 삭은 채 떨어진다. 살갗을 뒤집어 곱게 간 구렁이의 비늘 가죽이 몽롱하게 빛난다. 자각하지 못한 자학. 어제의 죽음들이 범람한 탓이다. 세상의 추를 보지 않으려고 칼로 눈을 그어버린 무사(武士)의 이야기도 있다. 숲의 허리춤에서 미뉴에트가 만년설을 조용히 녹인다. 가냘픈 성냥불로 깨우는 기절, 떨고 있는 안식들끼리 마침내 밀착한다.

인간론

앵무조개 껍데기를 모아놓은 하얀 상자
이 형벌은 예지몽으로부터 이어진다
죄수들은 죄짓지 않고도 삶을 수감당했다

가장 창백한 불꽃과 가장 가까운 물결이 사랑이다

곤충의 정교한 눈
이 눈에는 더 많은 눈들이 있는데,
너는 다 헤아릴 수 있겠니

기적 소리가 잦아들 때마다 안주하게 되던
죄악과의 재회

천식에 걸린 바늘의 끄트머리로부터 서서히……

어떻게 젖어야 할까, 눈물로 싸인 눈동자들
서로 알지 못하는 노래
풀과 나무를 갖지 못하는 불임(不姙)의 모래를

잊지 못하리라
유년의 꽃반지, 시들 줄 알면서도

우리는 뭍에 갇힌 심해어야
소라 껍데기가 매일 우리를 부르지

사자(死者)에게는 주어지지 않는 밀월이 온다
호박 등불이 영롱하게 빛을 반주하고
몸이 갈기갈기 찢긴 바다표범이
꾸역꾸역 울고 있었다
눈발은 자주 흩어졌다

무엇인가 더 있다는 걸 알고 있으니까
끝이 없는 것이다

출생하면서부터 시간의 포로가 된 채로 그렇게

방패연을 날리다가 하늘에 흘려버리고는

양피지에 기록된 낡은 모계(母系)의 신화를 믿고,
믿고, 또 믿으면서, 연거푸 울고, 연거푸 울면서

그대 인간이라는 껍데기 안에서
새우잠 자는 원죄(原罪)여,
끊어지지 않는 탯줄처럼 이어질 테지

입을 벌린 채 내장을 흘리고 누운 통조림들

이미 다 끝나 있는 일을 계속하려 하는 중이다

인생에서 탈옥하지 못한 실패자들

떼로 죽어 널브러져 있는 갈매기 시체들 주위,
갈매기들이 모여든다
굶주린 부리를 치켜들고

모든 시인들은 표절당한 요절 때문에 격앙되어

울화병으로 곪고 썩는 것이다

우리가 함구해야 할 인과율에는
알면서도 외면해야 하는 모순이 있었다

어차피 늙어간다는 것은 아물어가는 일이다,
육체란 이미 상처 그 자체이므로

죽음으로부터 시작되는 인간의 정적

소풍 가자 잘못된 삶들아
우리 나가서 모두
죽자
죽자
죽자

복화술
──읽을 수 없으므로, 나는 이 경전을 지운다

손과 바닥,
땅으로부터 조금 내려앉은 그 반지하 방에는
달빛이 잘 들어오지 않았다

피가 통하지 않는 발가락(들)
하얗게 질려서
너와 나는 입김으로 서로를
허옇게 데워주곤 했다

말하는 것보다는 아무래도 이게 더 좋지

불이 꺼진 그 방에서 지금은
네 다리에 매달리지 못하고 내 다리를 끌어안는다

뜯어지면 계속 뜯어서 수정하던 입술
미숙아처럼 작고 자신감 없던 그 손짓을 기억해서

메마른 손금

그늘이 드리운 곳에 사랑의 원색적인 흔적(들)

다시, 다시 시작할 수 있을까

달빛이 차갑게 차오르고
속에서 앓다 뱉는 쓴 외마디(들)

쓰라리지만 계속해서 너를 읽게 될 거야
아무도 시작하지 않는 이 그림자를

말 없는 앵무새

이불에서는 비누 냄새가 난다

낯선 애무

젤소미나, 젤소미나,
불가능한 감정을 너에게 이야기한다

날이 어두워져도 맑은 어느 봄의 백화점
에스컬레이터를 오르내리며 깔깔대던
내 철모르는 모습의 서사

쇼윈도에 비친 너의 누드를 보며
서정적인 혐오를 느끼고
황홀하게 비웃으면서
우리는 언젠가 기필코 사람이 혼자 나오는
성인영화를 찍자고 약속했는데

젤소미나, 차가운 죽음과 주검을
무엇도 아닌 듯 매만져주던 무분별함

새 구두를 신고 유리창에 알몸을 차게 부대끼면,
너 홀몸의 베드신

이름을 불러주기를, 이름을 불러주기를

사랑이어서 그런 것만은 아니었다

풀어헤쳐진 옷 더미 속에서 화장이 얼룩질 만큼
흐느껴 울며 신경질을 내던 지겨운 슬픔

마네킹들의 이름을 하나하나 외우고
엘리베이터는 각 층마다 멈춰 서며 깜빡깜빡
너는 어떤 표정을 지었던가, 젤소미나

울음과 웃음이 뒤섞인 그 불편하지 않은
슬픈 표정의 마네킹들을 가로지르며,
발랄했던 쇼핑

너는 어둠이 흐릿해질 때까지
예쁘장하게 어지럽혀진 액세서리들 틈에서

알몸으로 앉아 나를 바라보았지
약속대로 잊어버린, 우리가 잊어버린
우리의 이름이여

바깥에서 들어오는 네온사인이
네 눈 속의 나를 빛나게 해주었다
서로를 어떻게 부를지 몰라도 행복했다

젤소미나, 내 사랑의 유일한 형식
너는 무엇을 약속하고 있니
아직도 서로의 몸을 어루만져주지 못해
혼자 팔짱을 끼우곤 신음하고 있니

이유를 알려준다면, 이해할 수 있을까

이름, 이름 따위야……

사랑은 잃는 자와 얻는 자 모두의 것

미아들, 우리는 미아들

젤소미나, 나의 젤소미나,
이곳은 무서운 곳이다
아무도 울지 않는다
여기서부터, 사랑은 시작된다

한량들
──우리들*에게

 우리는 늘 다쳤다. 어디에도 눕지 않은 채로 상처를 안고 흐느낄 수 있었다. 식욕도 느껴지지 않게 하는, 진흙탕 속 엉망진창의 엉터리 기억들. 세상 모든 파편들을 풍경으로 얻어가도 배부를 수 없었다. 행복해라. 눈을 감고 입을 다물고, 행복해져라. 행복해져라. 아무도 우리에게 말을 걸 수 없었고 우리는 아무에게나 함부로 대답해주지 않았다.

 기억이라는 동화 속에서 읽기에는
 너무 어른스러운 부담
 사랑이 어울리지 않는 연인들.

 우리들은 서로의 눈을 읽으며
 우리들의 이야기를 들었다.
 들으며 괴로워했다.

 입맛이 필요하지 않을 만큼 풍족한 소문이었지만, 사람들 사이를 오고 간다는 걸 제외하곤 꿈보다도 못했다. 우리는 노상 떠나갔고, 떠나왔으며, 상처받아도 돌아올 곳이 여기밖에 없었다. 세상이 꾸는 악몽 속에서 어느 주검들의 비린내를 몰고 오던, 요절한 부랑아들을 닮아갔다.

상징과 심장. 우리는 늙은 연인들처럼 언제나 서로에게 거울을 보여주며 마주 보고 있었다. 진실한 진술만을 적었던 혈서는 낡고 흐려져 읽을 수 없는 마술 수첩 같았다. 한 방울 눈물의 기억에도 미치지 못하는 기적. 숫자가 매겨지지 않은 페이지들을 넘기며 우리는 소스라치듯 자지러졌다. 우리는 예전에 더 잘 미끄러졌는데. 쉽지 않은 자세를 잡기까지, 신중하고 다소 답답한 걸음으로 걷기까지. 볼 것들이 없어도 막상 보면 못 볼 것을 보게 되었다. 더러운 결벽이었다.

안기 위해 기억해야 하는 어느 망각들.
보기 위해 눈 감고 입을 다무는 순간순간들.

연인들은 그림자를 벗어나지 않았다. 햇빛을 기적으로 여기지 않았다. 구걸하지도 않았다. 무게를 견디기 위해서는 무게가 필요했고, 우리는 가벼웠다. 방황이 우리에게 가야 할 방향을 물을 때, 풍경들은 모조리 눈물의 바깥에 있었다.

* '우리'는 나와 당신에게, '우리들'은 나와 당신과 너희에게. '우리들'이라고 하면 나와 당신 말고도 누군가 더 있다고 느껴진다.

제4부

유언연습

 두 노예의 사랑은 이렇게 전승된다. 벽화에도 그려질 수 없던 원죄의 실패한 연애담. 죽은 나무 속을 개들이 핥는 숲이었다. 따스한 햇볕조차 막연하게 지속되고 있었다. 자꾸 헛발을 내디뎌 비척거리면서 그들의 피부를 옅게 데워주었다. 그들은 보랏빛으로 퇴폐하는 환영을 보았으나 외면하는 습관을 떠올릴 뿐. 한 노예가 제 살 위의 햇살을 조금 옮겨다가 다른 노예의 두 볼에 발라주었다. 달이 네 눈으로 옮아가기를. 얼음 수도원에서 울려 퍼지던 어느 교성의 색채를 음미하면서. 몸을 갖지 못한 시간에게 기억을 한 움큼 내주고, 숲은 안식일을 얻어서 약간씩만 교만해졌다. 노예들은 십자가 꽂힌 공동묘지 그림을 기억해냈다. 날 당신의 내부에 들여보내주지 않을 거죠? 히죽거리며 눈치 보는 곱사등이들을 상상한다. 불량한 충고를 주워들으며 섹스하는 것 같다. 딸꾹질이 멈추지 않아서 노예들은 각자 다른 나무 뒤에 숨었다. 개들은 사라지고 개들의 이빨만 남았다. 과묵한 독방에 소외되었다.

친절한 세상

  비가 내리고, 참으로 울상이다. 하늘을 가릴 우산 따윈 필요 없다. 내가 썼던 일기들로 나는 나를 지워갈 예정이다. 자, 암송하지 않는 일기를 보아라. 관을 메고 세상 곳곳의 성당을 찾아 떠돌던, 수두룩한 기억들이 지면에 적혀 있다. 먼지 낀 거울을 보아라. 늙은 잿빛으로 더럽혀진 세월을 닦아내느라 나를 보지 못하는 나. 그때까지, 나는 감탄밖에는 할 수 없었던 것이다. 성당 끝자락의 한가운데에 있던 제단은 붉은 제라늄이고 그 양쪽으로 늘어선 촛불들. 십자가엔 피 묻은 예수가 없다. 이 관엔 반드시 내가 들어가겠다. 기도를 시작하고 비는 내리고. 나 사랑해? 그런 걸 왜 물어봐. 이건 아마도 내일 기록될 일기. 빗줄기가 아무리 세차도 노래할 수 있는 시가 있으리라고 믿지 않는다. 나는 어린아이이고 싶지만 눈은 이미 모든 걸 보고. 감당한다는 것이 무겁고 무섭다. 진심으로, 나 사랑해? 묻지 마. 고마워. 서커스는 이제 끝이다, 세상의 둘레에서는 짐승이 아닌 것들이 재롱을 떨고, 성당은 우리인 셈이다. 암송하지 마라, 내가 말하지 못한다는 걸 내가 알게 될까 봐 두렵다. 십자가를 보며, 빗줄기들이 그어진 하늘을 보며. 모르고 싶은 것들이 있어. 더럽혀지지 않은 세월을 더럽힐 것이다, 더럽혀서 거울에 비춰보곤 웃겠다. 사랑해. 예배가 끝나기를 소원했기에 서둘러 성가를 부르고 사도신경을 외우던, 어린 내 모습. 더 이상 관을 메고 싶지 않다고 기도한다. 세상은 이토록 친절하다.

요양

태풍이 온다.
내가 키우던 펠리컨은
북회귀선에서 흠집을 얻어 돌아온다.

구멍 난 액체
네가 시멘트 덩어리를 때리자
굉음이 날 회색이라 부른다.
주먹의 냄새가 끓고,
콘크리트 바닥엔
구릿빛 고여 있는 바다.
(커피는 유행이다.
유행이라는 사물이 본래 둥글다.)

어디든 파란(波瀾)이라고
공중이 말한다.
나는 퍽이나 조그맣게 변한다.
유리창에는 절취선이 태어나는 중이다.
어디서든 너를 죽이지 않겠다.

悸*

소년이 북을 두드리자
털 없는 새들이 날지 못하고 암전한다

팔삭둥이들은 소곤거린다
몸이 다 큰 채로 태어난 저 아이,
이제 더 이상 자라지 않을 거야
화산재처럼 뜨겁게 묻어나는
검은 부끄러움
몽정의 기억을 향해,
수정할 수 있는 수치심이 있다면
이 윗옷들을 전부 목 졸라 죽이겠다고 말하는

오디오를 켰지만 음악은 듣지 않는다
스피커를 넘어뜨리곤
귀를 열고 있다
순서는 그렇게, 건너뛰는 자리마다 생겨났다

못생긴 여자아이와

틀니를 잃어버린 시인
눈밭이 된 광장에서 식사를 기다리는 와중

소년은 진눈깨비를 맞으며
고향 마을의 텃밭을 떠올렸고
맑게 피었을 참꽃들을 기억하느라 눈물이 흘렀다

회랑에서 또 마주치는 못생긴 여자아이
두 번 다시 거짓말하지 않겠다고 약속하지만
그 약속도 거짓말이라서 끝이 없었다

포로수용소의 면담실
소년은 여덟 달 내내
웃지도 울지도 않고
자라지도 않으면서,
어려서부터 주워들은 괴담들을 하나하나 열거하고
줄을 따라 항아리들을 센다
알레르기를 앓으면서

몇 가지 사랑,
이빨 요정을 만났는데
사람을 잘못 죽였다

웃을 수 있어야 한다
불행히도 사랑을 빈다

* 가슴이 두근거리는 병.

이름이 생긴 이별

대수롭지 않은 계절이 끝났다
꽃은 시들고 새들은 더 이상 울지 않았다
창문 허리에 턱을 괴고 앉은 채 나는
단조롭지 않기 위해 나를 봉인하고 싶었다
부리로 지저귀던 기억은 계절 이하의 것이었음을
내가 안았던 이름들을 입에 담으며 햇볕을 쬐던 그때
계절을 놓치고 만 감각들은
제 이름을 지을 자신이 없는 작명가들에게로
나는 두 손으로 얼굴을 가리고 울지 않는 새들에게로
시들어버린 꽃잎들이 깨알같이 웃었다
호명하지 못하는 이름들을 부둥켜안고 온 그날
햇볕이 드는 창가가 희미해지기를 기도했다
가슴이 아프다는 말은 오류라는 걸 되새겼다

크레바스

지극히 차가운 폐부를 찬양한다

분장하지 못한 바람의 잔향

귀에 스민다

수의 입은 사람들에게서
수렁에 관한 질문을 들어야 한다

길게 늘어뜨린
시곗줄에서 슬픔을 체감하는데

절대로, 죽은 것을 만지지는 않는다

오욕만을 쏙 빼다가 안치해놓은
절의 어둑어둑한 출입

성에가 허름하게 꽃피는

천형

덧니가 많은 신부의 실연

매음굴에서는 빨랫줄에 걸린 속옷들이 꽃이었다
종종 몇 마리 노새들이 별똥별들을 지켜주었다

피바다를 건너는 방주를 만들려고
생명은 생명끼리 칼과 살을 교환한다

치아들마저 숨겨야 했던 태곳적*
이 묶음의 웃음은 용서될 수 있었을까

유성우가 자주 떨어지는 변두리,
바람 따라 숲은 굽이치고
세월 따라 벽돌은 허물어졌다

동승들이 쪼그려 앉아
박엽지를 대곤 달력의 그림을 베꼈다

한 번도 깎인 적 없는 강아지풀의 길이로
세월을 가늠하는데

때로 어떤 감정에도 미혹되지 못하는 사랑이 있다

어디에도 제 삶을 빠뜨리지 못했던 연옥

책 속에서, 서로 만나지 못한 자음과 모음 들을 뒤적거리면서

떨어진 별의 파편에
곤충들은 다닥다닥 붙어서 울었다

* 시베리아 어느 유목민들 사이에서 덧난 치아는 '가질 수 없는 사랑'이라는 뜻으로 전해진다. 사람들의 치열이 고르지 못했던 옛날부터 전해져온 이 관습은 여태껏 남아, 특히 미혼모나 미망인들은 웃어선 안 된다는 윤리적 금기가 되었다.

외사랑

이것은 도화지 속 잔상,
화살이 시위에서 떨려오면
그쪽이 저승이다

쥐약 뿌린 기와들은
한데로 쏠리는 각혈이겠지
마구간은 이전부터 화폭의 반대편
줄을 당기고

자연히, 올올이 곤두선 수염은 한쪽뿐이다

이토록 전말은 만연하다

삶은 짝이 없지
겁을 집어먹은 소녀와 겁 모르는 과녁

농밀한 은방울 소리
눈물 눈물 눈물

알몸들

　서로 다른 이중창을 부르며 시작한다. 달콤한 새벽에 의사는 당신의 뉘앙스를 채집했다. 묻지 않은 안부들이 있어서 악기의 인종은 더 다양해질 수밖에 없었다. 잘못 꿰맨 단추들이 산만한 실오라기들을 텁텁하게 머금고 있다. 손등 위에 입 맞춘다. 잠언이 처절하기에 불안의 밀도는 차가웠다. 인간의 몸 어딘가에는 이미 죽었는데 아직도 죽은 것처럼만 보이는 누군가가 기생한다. 음치들이 피아노 건반을 무질서하게 두드리며 놀았고, 종교는 휴일들을 뒤섞어 썼다. 문둥이들은 실종된 상흔을 찾지 못해 병명으로 남았다. 삶은 아무리 살아도 익숙해지지 않지. 웃지 못했던 농담들 때문에 실수는 종종 용서되었다. 희소하게 빛나는 겨울 태양, 메말라 죽은 올챙이를 만지는. 소경은 세상의 가장 밝은 변방에서 수음했다. 당신을 떠나도 늘 당신에게 가담하는, 이 폐쇄된 작별이여. 점자들. 세계는 더 이상 기록할 것이 없다. 사라지지 않겠다고 약속해야 한다.

Beastie boy

나는 버려지는 방법을 잘 알고 있다. 말을 타고 내 앞에 있던 것들을 등지면, 나는 모든 것에서 멀어질 수 있다. 피가 마른 태양에서 불이 끓고. 나는 말 등에 올라타고, 너는 비디오를 본다. 텔레비전에선 누명을 벗지 못한 비명들이 뻗쳐 나와 이명(耳鳴)으로 남아 고이고. 너는 내 방종과 타락의 증인, 나는 언젠가 네가 나를 버릴 것임을 안다. 나는 언젠가 내가 너를 버릴 것임을 안다. 고어적인 슬픔이 세상에 낭자하다. 익명의 그림자들이 내 곁을 쓸고 지나가면 식기도 전에 얼어버린 불을 떠올리고. 우승마에 걸지 못한 판에서 내가 할 수 있는 건 나의 잘못된 유년을 비웃는 일. 하지만 잘된 유년은 어디에도 없지. 너는 저리 가라, 꺼져버려라, 보고 싶은 자만 다가와라. 밤을 방황하는 어둠이 내게 길을 물을 때까지, 나는 말을 타고 달려야 한다. 너는 세상에 너를 감동시킬 것이 남지 않았다며 울지 않았고, 나는 왼쪽 얼굴로만 살아가길 소원했다. 말 위에 올라타도 말은 나와 대화를 하지 않아, 마치 텔레비전 같아, 나는 혼자 말해야 해. 기필코 외톨이가 된 느낌. 누군들 누군가를 버리지 않고서야 배길 수 있을까. 아무도 사는 방법을 가르쳐주지는 않았다. 아무것도 두렵지 않다.

자폐

 내가 네 병에 걸렸다. 너는 얼마나 반듯한 현기증들을 스케치할 수 있니. 너무 가까이라서 태어나버리는 신경질. 정리하면, 정리가 되는데. 모든 것이 혼란해져 있었다. 흙이 깔린 슬레이트 지붕에서 회색 쥐새끼들의 주검이 굴러 떨어졌다. 나는 피가 응어리진 손톱들을 헤아렸다. 네가 버려둔 팬티에 얼굴을 묻고. 손가락을 깨물어 몸에 맴돌고 있는 피를 가늠한다. 죽는다는 자각 없이 죽는 정신병자의 임종을 지켜본다. 너무 많이 망설이고 있다. 네 편견이 유괴해 간 기억들로부터 나는 최대한 기이하게 도망치겠다. 물구나무 서는 역설적인 밤마다, 전구에 모인 날벌레들이 지겹도록 얼굴을 때렸다. 무음이 허전하지 않을 정도의 얕은 음악. 아무렇지도 않게 사라지는 방식으로, 너는 나를 새겨야만 돼. 어느 기억들은 복원할 수 없었다. 기억하기에 익숙했다. 기록해선 안 될 실험이었다. 평생 네 뺨 위로 손을 흘릴 수 없을 거야. 난 오염됐어. 나는 세상의 모든 허무를 시작하겠다. 금요일들만 모아서 무저갱에 버렸다.

장면의 이면

 살갗이 뒤집힌 백야. 나는 방독면을 벗었다. 외떨어진 휴양지는 별명을 예고했다. 날이 밝아오면 호텔 벨보이는 송곳으로 악어들을 사육했다. 이해를 피하는 모순으로. 내 얼굴을 만져주세요. 어떤 사실을 숨기면 진실을 만들어낼 수도 있었다. 회개할 수 없는 원인들만 곱씹었다. 밀렵꾼들이 피 묻은 출처를 밝힌다. 오랫동안 켜지 않은 첼로의 부서진 소리가 모기들을 꾀었다. 깨진 창문의 귀퉁이가 휘파람을 불어오고. 하늘에 수렵당한 까마귀들이 유연하게 선회하고 있다. 서랍을 열자 뼈가 흐릿하게 시렸다. 칼에 한 번쯤 베여본 몸으로, 늙은 거울 앞에 선 처연한 마음으로. 열쇠와 형식. 당나귀들은 길들여지지 않아서 물체의 곁을 떠났다. 철조망 가득한 뒤뜰에서 삶은 더 연푸르게 빛났다. 난 고갈된 숨으로 바싹 말라 죽을 거야. 부르튼 입술을 피가 나지 않을 만큼만 예쁘게 뜯겠다. 내 연장에 있는 사람들에게는 이미 종말이 도래했다. 이건 모두가 기억하지만 없는 기억. 다 이루어져도 뒤돌아보지 않았다.

수면제

창세는 볼 수 없는 신앙의 처음이다
날것의 뼈를 발라 먹는다

가장 무의미한 모자이크로서 필요한 사색

나는 나에게 설명되어야 한다

늙은 식도를 되짚어본다
세월이 뿌옇게 내려앉은 원목 바닥에
오래도록 말라붙어 있는 창자들

목이 찢어진 원숭이가
안개의 목소리를 조그마한 포효로 더듬고 있다

유목민이 말발굽에 묻혀온
절경 몇 점

귀는 절반만 있으면 족하다

나는 내 삶이 어색하다
내가 어색하다

새벽녘 부옇게 부르튼 하늘의 입술로
모닥불을 희롱하듯 흔든다

촛불의 둘레로 부유하는 먼지들
다른 가능성들
쇠는 꾀병을 부리지 않는다

나에게 나만큼 미행하기에
좋은 삶은 없다

명랑
──M에게

너의 편력에 나는 입김을 불어 넣을게.

모빌 아래 실화(失話). 누구와도 음악을 함께 듣지 않게 된 날부터, 나는 발각되지 않을 색깔들만 낭비하는 중이지. 불가능한 비밀이 산 것들의 솜털을 발작하게 할 때를 상상하고 있어. 이 후속(後續)들이 두렵다면, 우리는 훗날 간직했던 밀서를 품에서 꺼내 읽을 수 있을까. 네가 키우는 두 마리 고양이를 만화경으로 옮겨 담고 있어. 어둠 속에서 너와 나는 잠들지 못한 채 뜬눈으로 서로를 기다렸지.

버려진 이어폰에 남은 누군가의 음악적인 귓소리를 주워듣고 있어. 깨울 수만 있다면, 너를 깨울 수만 있다면. 몽마들과 까르르 수다를 떨던 네 단편들. 빙의된 채 소설을 쓰며 너의 손가락 마디마디를 나는 연주해주곤 했지. 어쩌면 그처럼 죄악이 겸허하게 타오를 수 있었나. 모든 낙서들 중에서 네 낙서를 찾으려고 벽을 더듬곤 해.

너는 내 이방(異邦)으로 잠시 들르던 변명,
우리는 이것을 거품이라고 할 걸.
네 말대로, 이 황홀을 숨긴다면
내부는 너무 환해져서 들통 나버릴 텐데.

눈물의 어느 부위는 가위로 오려낼 수 있는데, 우리는 조금씩 예민해져서 모자이크가 된 거울. 하나의 그림이 되는, 서로 맞지 않는 부속(附屬)들이 널 방해하지 않기를. 실수는 언제나 실패로 끝나지. 혹시나 들킬까 봐 속눈썹은 더욱 진해지는가 봐. 두 개의 구슬을 입에 물고, 옹알이를 연습하면서 나는 한 번 더 기다림을 지연시킬게. 먼 훗날, 너는 시체 안치소에서 나를 꺼내보며 그 우연을 확인할 수 있을까.

나는 지금 누구보다도 굳게 잠겨 있는 눈,
네 아이를 밴 늙은 강아지처럼 조용히 눕고 있어.

종말론들

푸줏간에서는 육체의 유랑들을 수집하고 진열한다

스케치북들이 회오리바람에 쓸려 간다

세계의 구조에 속하지 않는 독백은 방백

뒷동네 언덕, 붉은 대문의 여관이 있다

말미에는 누구도 제 울분을 방생할 수 없다

닭이 모이를 쪼아 먹는 모습도 석연치 않은데

퇴비에 얽혀 사는 곤충들은 풍습에 흡수되어간다

농담(濃淡)조차도 점멸하는 시각,

인형처럼 생긴 기형아가 입을 오므리고 있다

그림자 족보

우울증이 빛을 찾았다.

호우주의보가 내려진 도시에서
어린 여자아이들이 신나게 파반느를 추었다.

많은 사람들이 즐겨 마셨던
커피에서 카페인이 말소되었다.

도서관은 활자보다 많은 책을 갖기 시작했다.

유리잔의 밑바닥에 흠집이 났고
노인은 새장에서 깃털만 모았으며
묶음들만 턴테이블에 남겨졌다.

모든 뒷모습에서 바닥에 이르기까지
아무도 유서를 읽을 수 없었다.

무간(無間)

어둠보다 어두운 곳

남을 위선적으로 조롱한다는 건 거추장스럽다

고인(故人)들의
얇은 베일 쓴 묵언(默言)
말로는 사랑도 할 수 있지

다락방에 여의어 있는 혈육이
휴지 조각들을 차례로 뭉치는데

불온한 계절
물레방아가 빙산의 녹아내린 여분을
되새김질하고 있다

검은 여름이 찾아올 속셈일 테지만

젖을 빨며 내쉬던

야트막한 숨소리

주름살이 주름살에 밀리는 와중이다

난청을 잃어 귀를 암기하는 삶이 존재한다

없는 지붕 위로 쇠가마우지들이
떼 지어 날고 있다

인간의 신화

나는 늘 떠나거나 숨었다

국경을 넘어서

묽은 눈물

바셀린을 바른 촉촉한 회초리 옆에
창문이 열려 있다

사냥철이 끝나면서
어느 그림자에도 빛을 가눌 수 없었다

그러나 모든 신파는 돌아선 뒷모습

낡은 뒷골목,
쓰레기 흘러넘친 쓰레기통들이 즐비한

누군가 마귀처럼 뾰족한 눈초리로

나를 흘기고 떠나도
칼로 그 이별을 후벼 파지는 않았다

살찐 고양이가 어슬렁어슬렁
눈 쌓인 들판을 쓸고 지나간다

당신도 초점이 팝진한 동공을 숨기려 하는구나

다시 한 번
묽은 눈물

찢어진 채 버려진 속옷들 사이에서
하소연하지 않고는 못 지나가지

미물

식물의 흉상에서 경계는 시작되었다

여윈 팔로 스스로를 다독이는 생계

다리가 많은 벌레들이
내 옷깃을 여며주고는 스멀스멀 떠나는 와중이다

털가죽이 울렁울렁 색을 흔들고 있었다

달팽이관, 침묵으로 붐빌 수 있는

눈으로 시야를 삶는다
이 논리대로라면 풍경은 팽창하는 윤곽

눈물이 사물들을 더 확장시킨다

불투명하게

의심하는 여과로서, 나는 육체의 혼돈을 희망했다

요컨대 이번 인생이란
비극이 일어나기를 호소하는 지루한 계약일 뿐

눈 내리는 북쪽 나라에서는
오랜 옛날부터 수학적인 음악들이 출몰했다

나의 육안으로는 식별할 수 없는

팽이의 정교한 율동

그러니까 서서히 기우는 자멸이다
방바닥에 거뭇거뭇 굳어 있는 핏자국처럼

그로테스크 키스
— 비선형적 접촉

늪에 빠진 뼈들을 건져 연령을 헤아린다
장님은 장님을 볼 수 없으므로
손으로 서로의 뜬눈을 더듬는다

| 해설 |

안개
— 이이체에게

허 윤 진

사랑의 인사
나는 너의 시를 읽다 잠에 든다. 너의 꿈을 꾸러.

헤어진 날
　그의 세계에서 매우 강하게 작용하는 정서는 출향(出鄕)과 이별의 정서다. 그가 떠나고자 하는 고향은 대개 바닷가의 이미지로 그려진다. (그의 약력을 보면 그의 출신지는 바닷가와 관련이 없어 보이지만 어쨌든 시집에 반복적으로 등장하는 고향의 이미지는 바다와 깊이 관련되어 있다. 시집을 여는 첫번째 시인 「가족의 탄생」만 해도 그렇다.) 「실외투증후군(失外套症候群)」은 그가 출향과 이별을 동시에 등가적으로 받아들이는 과정을 잘 보여준다.
　출향과 이별은 결국 '떠남'의 문제이다. 그리고 떠남은 홀로 이루어지는 행위라기보다 시간차를 두고 이중적으로 이루어지는 행위다. 내가 고향을 떠날 때, 내가 알고 있던 고향은 순식간에 과거형이 되며 나를 떠난다. 연인이 나를 떠날 때, 나는 순식간에 과거형이 되는 연인에게서 떠나기를 요구받는다. 그에게 떠남은 마치 시간을 되감기라도 하는 듯 반복적으로 재생된다. 그리고 소위 왕래발착(往來發着) 동사는 문법적으로 틀리게 사용된다. "지나쳐온 거리들이/이미 갔던 곳으로 돌아가게 되었다"(p. 18)는 구절에서 '가다'와 '돌아가다'라는 동사는 독특하게 사용된다.

알다시피 '가다'라는 동사의 주어는 화자의 물리적/심리적 위치에서 멀어진 상태이고, '오다'라는 동사의 주어는 가까워진 상태이다. 그러니 '이미 갔다'라는 표현에서 그 표현의 주어는 '나'로부터 이미 멀어져서 물리적으로나 심리적으로 사라진 상태여야 한다. 동일한 주어가 '돌아가다'라고 말하려면 그것이 화자인 '나'와 물리적으로, 심리적으로, 가까운 시공간에 존재해야 한다. "이미 갔던 곳으로 돌아가라"(p. 19)라는 표현은 정언명령처럼 다시 한 번 반복된다. 마치 자동차의 서치라이트가 남긴 눈부심처럼, 기계 고장으로 계속해서 반복 재생되는 이미지처럼, 그를 떠났고 그래서 그가 떠나야 했던 세계는 '가고 싶지 않다'는 그의 무의식 속에서 착종되어 시간과 공간의 질서를 잃고 유령처럼 흐릿하게 흔들리고 있다.

그는 가버린 것들, "멀어진 것들"의 잔상을 오래도록 붙들고 있다. 이별의 경험은 외투를 잃는 경험으로 비유되어 있다. (어쩌면 비유가 아닐지도 모른다.) 바닷물에 발을 담그고 서 있는 듯한 시린 기분이 그를 지배한다. '촌스럽게' "소금기에 불어 있는 나"(p. 19), 결코 세련되어질 수 없는 나의 실체를 소녀는 알고 있었다. 각자, 따로, 서로에 대한 타인으로서 존재하던 두 사람이 연인이 되는 것은 서로가 완벽해 보여서가 아니다. 소금기에 퉁퉁 불은 모습이 우스워 보이더라도, 완벽해 보이지 않더라도, 타인의 모순과 한계를 떠안겠다고 결심하면서 우리는 바닷가의 연인들이 된다.

우리는 외투가 없이 벗은 몸이 될 때 자신의 실체를 인식하고 처음으로 수치를 느끼게 된다. 사랑은 존재의 허물을 말없이 덮어 감싸는 외투가 되는 일이다. 나의 벌거벗은 수치를 따스하게 감싸는 연인을 잃는 일은 그러니 감당할 수 없는 한기(寒氣)를 온몸으로 맞는 일일 수밖에 없다. 그에게 이별이 "궁상맞은 실연"(p. 20)으로 다가오는 것은 그러니 당연한 일이다. 그리고 연인이 떠나버린 후, 그가 빈 허물처럼 느껴지는 자신을 "병신"으로 비유하는 것도 당연한 일이다. 완벽하지 않은 자신, 결핍과 모순에 시달리는 자신의 실체가 눈앞에 생생하게 노출되었으므로. 감추고 싶었던 소금의 역사가 외투 안에서 잠시 가려져서, 그는 행복했었다.

이제 그는 자신의 이름, 자신의 단독성에 매달려 "혼자 외롭고 쓸쓸하게 교수형"(p. 21)을 맞이한다. 혼자가 된다는 것은 그에게 형벌의 수준으로 다가오는 것인가? 그는 홀로 있기에 단위(單位)가 될 수 있지만, 그런 상태는 역시 "병신" 같은 상태다. 소금기가 가득한 침을 흘리는, 외투를 잃어버린(失外套) 상태는 증후군이기에 그를 오래도록 반복해서 찾아올 것이다. 출향과 이별은 이렇게 평행하게 이루어지면서, '소금기가 가득한 벗은 몸'의 이미지 안에서 슬프도록 행복하게 결합된다.

「화장일기」에서도 볼 수 있는 것처럼, 그에게는 여성성을 향한 동경이 있다. (남성 시인은 시를 통해 세계를 품고 창조하는 여성성/모성성을 풍요롭게 누린다!) 그가 연인을 잃은 상태, 그러니까 존재의 디폴트값을 "홀몸"(p. 23)이라고 표현하는 것은 충분히 흥미로운 일이다. 그는 늘 누군가를 품고 낳기를 원하는 것이다. 아이를 가질 수 없어서 몸부림치며 눈물 흘렸던 여인들처럼, 그는 애절하게 연인을 원한다. 누추하고 슬프고 아늑한 그의 작은 세계에, 연인은 마치 빛처럼 다가온다. 아, "무모하게 눈부신 내 사랑." 그는 온몸에 덮여오는 온기의 촉각적인 경험에서 사랑을 느끼기에 연인과 서로를 "같이" 만지려 한다. 어째서일까. 외투를 입고 외투가 되는 경험은 실패로 끝나는 경우가 많다. "너를 만져도 아무 느낌이 없는 것을 느낀다"(「추락한 부엌」, p. 13). 타인의 온기가 아무리 아름답다고 해도 그것은 내 몸의 표면에만 머무르는 것이다. "왜 몸의 바깥을 맴도는 온도들뿐인가. 왜 몸으로 들어오는 온도들은 없는가"(「취한 말들을 위한 여름」, p. 34).

늘 홀몸인 그는 어떻게 자신의 실패를 극복할까? 자신과 함께 한몸이었던 엄마를 닮고 싶지만 엄마가 될 수 없는 그는 불가능해 보이는 내장형의 사랑을 변형된 외투로써 극복하려 한다. 그를 덮어주는 것은 이제 책의 옷이다. "나는 상처받은 역할에 충실했으므로 책들을 옷 삼아 은닉되었다"(「골방 연극」, p. 39). 그를 떠나갔으되 그에게로 흘러 들어오는 연인 앞에서도 눈물을 흘리지 않고 꿋꿋하기 위해서는 문자의 갑옷이 필요한 것이다. 그가 종이 위에 새겨놓은 이 수많은 글자들은 그의 얼굴에 말라붙은 눈물의 소금 결정을 가리기 위한 은폐막인지도 모른다. 세계에 대해서 안다는 것은 세계로부터 잔인하게 배신당한다는 말과 같은 뜻인가. 외투를 잃어버리는 반복적인 경험 속에서 그는 하나의 "냉장고"처럼 차가워진다. 그래서 그는 이제 외투를 섹스와 교환한다.

그에게 있어 섹스는 아무런 사랑이 없어도 반복될 수 있는 이미지적인 행위에 가깝다. (우리는 다음 장에서 이미지의 문제로 돌아올 것이다.) 아무런 정서적, 실존적 연루가 없는 섹스는 냉정하고 잔인한 느낌마저 불러일으킨다. 상처 입은 자가 그 상처로 인해 온유해지는 것이 아니라 더 완악해질 수 있듯, 타인과 세상으로부터 버림받았다고 느끼는 자는 타인에게 더욱 냉정해질 수 있다. "세상이 날 갖지 않겠다고 결심한다/흐느껴 우는 귀머거리와 섹스하고 싶었다"(「나쁜 피」, p. 43)는 문장들에서처럼, "돌이켜보면,/섹스는 축제 날이 아니어도 아프고 좋았다"(「시에스타」, p. 69)라는 문장에서처럼. 정말 그렇게 생각하는가, 정말 그렇게 믿는가, 그대여? 그대가 원하는 것은 진실로 사랑이 아니라 섹스인가?

차가운 실버 스크린

그에게는 '자연'이라는 것이 여전히 중요한 문제이다. 그의 본성을 형성한 중요한 자연은 앞서 본 것처럼 바다와 연인으로 형상화되어 있다. 거듭되는 이별 속에서도 그가 "식물원"(「실외투증후군(失外套症候群)」)의 상태에 비유적으로라도 머물고자 하는 것은 자연에 대한 그의 본질적인 이끌림을 잘 보여준다.

그가 자연의 낙원으로부터 밀려나는 듯한 충격적인 단절을 경험하고 나서 찾게 되는 새로운 자연은 바로 스크린이다. 이미지가 투사되는 막으로서의 스크린은 그의 시에서 여러 가지로 변주된다. 필름이 영사되는 영화관의 실버 스크린, 송출된 전파가 변환되는 텔레비전의 브라운관, 거리의 쇼윈도…… 이 인공 자연은 그에게 유혹적인 손짓을 한다. 자신이 떠난 것인지 자신을 떠난 것인지 알 수 없는 자연적인 세계를 뒤로하고 그는 새로운 언어를 배운다. 이미지의 언어를.

그의 시가 낯선 이미지들의 몽타주로 느껴지고 시 속에 등장하는 세계가 무대화되어 있는 것은 그가 어떤 면에서 영화적인 세계관을 갖고 있기 때문이다. 그의 새 주소지는 영화관, 극장이다. 그곳은 숨어들기 좋은 곳, 아무 수고 없이 눈앞에서 명멸하는 아름다운 이미지들을 마음껏 향유할 수 있는 암실(暗室)이다. 그는 바뀐 자연 속에서 자신의 천성도 바꾼다. 자신을 중력의 방향으로 잡아당기는, 무거운 피의 인연(血緣)을 지긋지긋하게 여기기라도 했던 것처럼. 외투처럼 왔다가 외투처럼 떠나간 연인 따위는 이제 필요 없기라도 하다는 듯이.

스크린에서 우리는 무엇을 보는가? 영상 예술의 본질에 대해서 많은 이들이 탐구해왔듯이, 관객이 스크린에 투사된 이미지를 보는 것은 자신의 욕망을 보는 경험과 다르지 않다. 어떤 면에서 관객은 자신이 보고 싶은 것을 본다. 공감의 체험보다 소외적 쾌락의 체험이 극대화될 수 있는 것이다. 실사 영화의 경우, 스크린에는 수많은 사람들의 이미지가 등장하지만 우리는 아무리 스크린을 향해 손을 뻗어도 그들의 따스한 몸을 만질 수 없다. 스크린을 보는 우리의 시선은 다분히 촉각적이지만, 실제의 촉각적 경험은 스크린을 통해 단절된다. 어쩌면 스크린을 보는 경험은 수면 위에 비친 자신에게 매혹되었던 나르키소스의 경험을 현대적으로 번역한 것인지도 모른다. 포르노그래피와 수음의 문화가 현대 영상 기술에 의해서 결합된 것은 예정된

결과였을까?

「낯선 애무」는 영화관에서 성장해버린 이 청년이 발견한 새로운 관계학을 보여준다. 고전이 된 아름다운 영화 「길」의 여주인공의 이름이 시 속에서 호명된다. 젊은 청년은 그녀의 이름을 황홀하게 외쳐 부르기 시작하지만, 결국 그가 고백하는 것은 "불가능한 감정"이다. 젤소미나가 만일 비유라면, 그 비유의 대상이 누구인지는 알 수 없지만 그와 그녀가 꿈꾸는 것은 "사람이 혼자 나오는/성인영화"이다. 인간의 사랑은 스크린과의 수음으로 대체된다. 소금기가 가시지 않은 소년을 사랑했던 소녀의 웃음은 이제 촌스러워져서 서글프다. 그는 "차가운 죽음과 주검을/무엇도 아닌 듯 매만져"주는 세련되고 성숙한 여자들의 이미지에 취해 있다. 소비문화에 도취되어 물신을 숭배하는 성숙한 여자처럼, 그 여자와 함께, 그는 "홀몸의 베드신"(p. 104)을 연기한다. 그와 그녀는 "서로의 몸을 어루만져주지 못"하는 것이 아니라 서로의 몸을 어루만지고 싶지 않은 것인지도 모른다. 마네킹을 연상하게까지 하는 젤소미나는 이제 그에게 "사랑의 유일한 형식"(p. 106)이 되기에 이른다. 그와 그녀는 서로의 이름을 잊어버린 상태다. 두 사람이 존재하지만 각자가 자신의 이미지와 사랑에 빠져 있고, 그 이미지를 숭배하는 관계에서 이름은 중요하지 않다.

마치 파리의 거리에서 인간과 사회에 대한 희망을 잃고 파산한 채 욕망에 매달렸던 발자크의 청년들처럼, 그는 이미지의 인공 낙원에서 차가운 스크린을 부둥켜안고 화장이 번질 때까지 스크린에 자신의 얼굴을 비벼대고 있다. 그는 이곳에서 철저히 혼자다. 「Beastie Boy」에서도 그는 "너"라고 불리는 유사-연인과 함께 있다. 그러나 그들은 각자 다른 세계에 빠져든다. "너는 비디오를 본다"(p. 126).

영화관이 좀더 공적인 공간처럼 느껴진다면, 텔레비전은 좀더 사적인 공간을 대변하는 것처럼 느껴진다. 이 사적인 공간에서조차 친밀한 대화는 없다. 이 시에서 텔레비전은 그가 대화로부터 소외되는 경험을 상징하는 매체로 그려지고 있다. 텔레비전의 등장과 더불어 실제로 많은 가족들이 공동체로서 나누는 친밀하고 사소한 대화를 상당 부분 잃었다. 아기들의 엄마는 아기와의 대화를 텔레비전에 맡겼다. 그 결과로 우리는 대화의 능력이 퇴화되었다. 「Beastie Boy」의 말미에서, 외톨이인 그가 "아무도 사는 방법을 가르쳐주지는 않았다. 아무것도 두렵지 않다"(p. 127)라고 말하는 것은 사실 현실에 대한 진술이라기보다 미래를 위한 절망적인 다짐에 더 가까워 보인다.

「시에스타」에서 "우리"라는 익명의 존재들이 "귀여운 여자들"과 노는 경험은 "영화 필름을 틀어둔 채/영사기가 들썩거리도록 섹스를 했"던 일로 그려진다(p. 67). 여기에는 어떤 흥분되고 고조된 감정이 있지만, 결국 스크린을 매개로 한 사랑의 물신화는 파국을 맞는다. 폭발 직전의 무질서와 착란을 견딜 수 없었던 그가 "비디오테이프들 위에 기름을 끼얹고 불을 붙"였던 것은 어떤 자기 한계를 돌파하기 위한 긍정적인 의미의 분서(焚書)다(p. 68). 퇴폐적으로 삐딱하게 성장해버린 이 청년이 탐닉했던 관계학이란 결국 자기-우상화였다. 시집에서 간헐적으로 등장하는 수음의 이미지는 자기의 육체를 향한 은밀한 사랑과 결부되어 있다. 자기를 탐닉함으로써 진정한 사랑을 잃게 된 상태는 아마 이렇게 표현될 수 있을 것이다. "나는 나를 사랑하므로 동정녀가 아니야"(「그림일기」, p. 44). 욕망의 스크린에 투사된 자기의 이미지를 그 어떤 연인보다도 숭배하려 했던 사랑의 이교도는 자신의 밀교적 경전, 비디오들을 불태워버렸다.

그가 도취되었던 스크린의 세계가 어째서 고통스러운 것인가를 특히 잘 보여주는 시가 「자각몽(自覺夢)」이다. 그의 새로운 존재론은 아주 구체적인 어휘로 표현된다. 이 시는 청년-시인으로서 그의 존재론이자 그의 시론이라고 할 수 있을 것이다. 이미지 위의 언어(자막)는, 존재의 한기에 시달리는 그를 위한 새로운 "피부"가 된다(p. 41). 삶에 대한 고백의 어휘는 모두 영화와 관련되어 있다. "보이는 것만을 믿어온 세월이 죄악이었고/나는 조조할인만큼도 용서받지 못했다"(p. 40)

이 시에서 중요한 것은 시각 체계의 비유를 통해서 본다는 행위가 중요하게 탐구된다는 사실이다. 그는 이때 오이디푸스의 진정한 후예가 된다. 오이디푸스가 자신이 가족과 사회에 있어서 법적 정의를 훼손한 바로 그자라는 것을 깨닫고 나서, 자신의 무지에 대한 형벌로 두 눈을 찔렀을 때, 그의 두 눈에서는 피의 소나기가 내렸다.[1] 오이디푸스는 보아야 할 것을 보지 못했고, 보지 말아야 할 것을 보았던 자신의 두 눈에 형벌을 내린다. "죄의 삯으로 눈이 보이는 순간들을 부여받았다"(p. 40)는 그의 시구는 오이디푸스의 진실과 정확하게 공명한다. 그는 순수한 어린아이로 남고 싶지만, 그러기에는 너무 많은 것을 봐버렸다(「친절한 세상」, p. 114). "볼 수 없는 눈을 선물받는 순간이여"라든가 "네 눈이 날 기만하고 내 눈이 널 기만했으니"라는 구절이 이어지는 「나쁜 피」는 인간의 비극에 대한 아름다운 시적 표현이라 해도 좋겠다(p. 42).

눈이 보이는 것은, 스크린과 욕망을 나눌 수 있는 것은, 어쩌면 축복이 아닌 저주일지 모른다. 앙드레 지드의 『전원교향악』에서 눈을 뜬 제르트루드가 본 것이 결국 자신과 목사의 죄였던 것처럼, 우리는 뜬눈으로 우리의 죄악을 증거하고 있다. 「자각몽」은 마지막 행까지 신학적인 자기 고백이다. 그는 꿈과 음악과 언어를 통해 극적인 전회를 하기에 이른다. 그의 속죄를 위한 제의처럼 음악이 계속해서 등장하는 것은 음악이 이미지와는 다른 논리로 작용하며, 이미지를 초월하기 때문이리라. 눈이 보이지 않기에 진리

---

[1] 소포클레스, 「오이디푸스 왕」, 『소포클레스 비극 전집』, 천병희 옮김, 숲, 2008, p. 80 참조.

를 깨달을 수 있는 자는 음성 같은 음악에 민감하게 반응한다.

사랑이 없는 수음과 섹스만이 매혹적인 이미지로서 넘쳐나 우리를 아프고 즐겁게 하는 시대에, 그는 스크린의 신이었던 자로서 자신의 제단을 쓸쓸히 내려온다. 그의 첫 시집이 "죽은 눈을 위한 송가"라는 제목을 가진 것은 아마 우연의 일치는 아닐 것이다. 『죽은 눈을 위한 송가』에는 죽음의 이미지, 눈뜸과 눈멂의 이미지가 가득하다.

자신의 실존적 소멸을 기록하는 그는 마치 흑사병에 걸린 사제처럼 느껴진다. 온통 검은 시반(屍班)이 가득한 세계의 거리를 비극적으로 배회하며 자신을 비롯한 죽은 자들을 언어의 기적을 빌려 살려내려 하는 그의 필사적인 노력. 내가 보아서는 안 될 것을 본 것이 죄라면, 차라리 눈이 멀고 말리라. 그래서 그는 자신의 두 눈을 찌르고, 피를 흘리며, 작은 대속을 감행한다. 「복음서를 잃어버린 사제들의 연대기」는 흑사병의 시대에 모든 질서가 부인되었던 중세적인 풍경을 떠올리게 한다. 진리를 설파하던 종교인들은 무차별적인 죽음 앞에서 이성을 잃었다. 「복음서를 잃어버린 사제들의 연대기」에서도 사람들은 죽어나간다. 울지도 못하는 사람들, 다잉 메시지를 쓰는 사람들, 죽어가는 "형제들"(p. 51).

진리를 보아야 하지만 진리를 보지 못하는 사제들은 "소경으로서의 삶을 숭배"하는 것으로 비유된다. 죽어가는 사람들을 긍휼하게 바라보지 않는 종교 세계는 부정된다. 그 세계는 마치 깜부기불처럼 가까스로 유지된다. 산 자로서 우리는 죽음에 대한 소경이다. 스스로가 진리라고 생각하는 자들로서 우리는 진리에 대한 소경이다. 우리는 눈앞에 드러나 있는 자명한 진리를 전혀 보지 못한 채 살아간다. 이 시에서 동결된 세계의 질서가 다시 자리를 잡고, 세계가 다시 움직이기 시작하는 것은 '시간의 경과'를 통해서다. 그가 세속 도시에서 찾았던 인공 낙원인 스크린의 신전. 그가 제1의 자연에서 배척된 후 찾은 제2의 자연에도 해답이 없다면, 제3의 자연은 무엇인가. "인간이라는 껍데기 안에서/새우잠 자는 원죄(原 罪)"(「인간론」, p. 100)를 자각한 그가 꾸는 새로운 꿈은 어떤 것인가.

사랑의 애니메이션

그의 시집을 읽다가 문득 그에게 묻고 싶어졌다. 다잉 메시지도 남기지 못한 채 사람들은 쓰러져가는데 어째서 우리는 울지도 못하고 살아가야 하는가? 우리는 이렇게 덧없는데, 마치 안개처럼. 우리는 이렇게 사소한데, 하루살이처럼.

『죽은 눈을 위한 송가』가 그에게 중요한 어휘들을 모은 하나의 새로운 사전이라고 가정한다면, 그가 사용하는 어휘들의 의미는 분명히 사소하지 않을 것이다. 그가 즐겨 쓰는 단어들을 찬찬히 살펴보면, 형용사들의 경우에는 상태의 빈약함과 관련된 단어들이 많다. (물론 시에서 빈도수가 의미의 중요성으로 반드시 이어지는 것은 아니다.) "여원 소원"이라든가 "겸손한 욕망"(「아모레스 페로스」, p. 17). "나는 발자국도 없이 가벼운 사람"(「추락한 부엌」, p. 13). "나는 퍽이나 조그맣게 변한다"(「요양」, p. 116). "포르말린 병에 담긴 작은 인형들이 귀여웠다"(「소설」, p. 50). "가냘픈 성냥불로 깨우는 기절, 떨고 있는 안식들끼리 마침내 밀착한다"(「파종」, p. 97). 이 여위고 겸손하고 가볍고 조그맣고 작고 가냘픈 것들의 세계.

 그가 위대하고 아름답게, 그리고 강인하게 이곳으로 돌아오는 순간은 바로 그가 자신의 사소성을 인정할 때이다. 『죽은 눈을 위한 송가』에는 유령이나 아지랑이처럼 실체가 흐릿하게 느껴지는 대상을 지시하는 명사들이 거듭 등장한다. 그는 인간의 덧없는 실존을 이미 오래전에 깨달았다. 본향(本鄕)을 떠났을 때부터, 연인이 떠났을 때부터. 무엇으로부터, 누군가로부터, 자신의 존재를 부정당해본 자는, 그러니까 상징적인 죽음을 경험해본 자는, 스스로 영웅이 될 수 없다. 스크린을 매개로 한 자기-우상화의 과정이 실패할 수밖에 없었던 것도, 그의 욕망이 마치 그처럼 겸손했기 때문이다. 그는 가볍고 사소하고 여위고 흐릿하고 궁상맞은 것들의 반의어가 무엇인지 알고 있다. 그러나 그 반의어가 자신의 것이라고 함부로 외치지 않는다. 오히려, 다잉 메시지도 써보지 못하고 죽었던 자만이 볼 수 있는 새로운 세계를 보려 노력한다.

이이체는 "귀엽다"거나 "예쁘다"처럼 일상적으로 자주 사용되고 그래서 상투적으로 느껴지는 단어들을 의외의 장소에서 사용한다. "슬픔이 점점 귀여워져갔다"(「실외투증후군(失外套症候群)」, p. 23)는 표현이 그런 예이다. 추상명사들을 낯설게 결합하여 단어들의 몽타주를 만들 때보다, 이런 순간들에 그의 재치가 빛난다. 좀더 세련되고 정교한 단어를 독자가 기대할 법한 자리에 어찌 보면 낡고 둔탁한 단어를 둘 때, 그래서 독자의 꿈과 시인의 현실이 어긋날 때, 사소성의 시가 탄생한다.

사소성의 시는 이이체의 기질적인 섬세함과도 결부되는 것 같다. 시인은 시론과 시학보다는 시로서 말하고 속삭이는 자. 그의 철학과 신학이 수사학과 결합되지 못한다면 그의 승리는 반만의 승리일 것이다. 다행스럽게도, 행복하게도, 그는 수사학적인 노력을 충분히 기울이고 있다. 우리는 이것을 사랑의 애니메이션이라고 부를 것이다. 융의 심리학에서 차용되었듯이, 라틴어로 아니무스/아니마라는 단어는 어떤 영혼, 생기 같은 것을 뜻한다. 그래서 알다시피 영어의 애니메이션animation이라는 단어는 영혼과 생기가 없는 것을 영혼과 생기가 있는 상태로 변화시킨다는 뜻을 지니고 있다. 살아 있는 것이 아닌 것을 살아 있게 만드는 것.

이이체의 독특한 어법은 추상명사의 애니메이션이라고

부를 만하다. 이것은 한국어의 문법을 다소간 위반하면서 이루어진다. 한국어의 체계에서는 셀 수 있는 일반명사도 단수로 사용할 때가 많다. 하물며 추상명사는 말할 필요도 없을 것이다. 영어를 비롯한 서구어의 영향으로 최근에는 (나 자신 또한) 추상명사를 복수로 사용하는 경우가 늘어나고 있지만, 추상명사 복수가 여전히 부자연스럽게 느껴지는 것은 사실이다. 세상을 결국 사랑할 수밖에 없는 그가 섬세한 시선으로 살아나게 하는 대상들은 대체로 추상명사다. 그는 추상명사를 복수로 만든 후, 활유법을 써서 추상명사에도 생명을 부여한다. 그는 홀몸의 상태에 오래 민감해온 자답게, 홀몸으로 있는 단어들을 '귀엽게' 여긴다. 아끼고 사랑한다는 말이다. 그는 단어들에 '-들'을 붙이면서 고독을 벗는다. 예컨대 그가 '우리'라는 단어보다 '우리들'이라는 단어를 선호하는 것은 '우리들'에 누군가가 더 있다고 느끼기 때문이다(「한량들」, p. 110). 한나 아렌트가 인간에게서 하나의 정체성으로 환원될 수 없는 복수성plurality을 아름답게 발견했듯이, 우리가 따로 또 함께 이 세상에 머무른다는 것은 얼마나 다행스러운 일인가. 결국 모두가 "시한부"일 수밖에 없는 이 세상에서.

앞서 인용한 구절을 다시 한 번 반복해보자. "가냘픈 성냥불로 깨우는 기절, 떨고 있는 안식들끼리 마침내 밀착한다." 여기에서는 '기절'이라는 추상명사도, '안식'이라는 추상명사도, 마치 살아 있는 존재들처럼 그려지고 있다.

사람처럼 느껴지기까지 한다. 하나의 작은 명사가 여럿 모여 있는 상태는 마치 작은 들꽃들을 묶어놓은 꽃다발 같기도 하다. 추상명사는 복수 형태가 되고 다시 활유법을 거치면서 어떤 근접과 친밀의 상태를 표상하게 된다. 어쩌면 이것이 외로운 수음을 하며 비명조차 지를 수 없는 외로운 개인만이 나고 죽은 시대에, 우리가 비유를 통해 꿈꿀 수 있는 새로운 존재론이 아닐까.

우리가 정말 마침내, 꿈꾸게 되는. 섬세한 애니메이션 속에서 시인과 언어는 마침내 밀착한다. 추상적인 상태를 경험하는 인간 주체를 강조하지 않아도, 추상명사의 꽃다발 속에서 인간은 더불어 사소하게 태어난다. 인간 '적인' 상태로서. "바다의 푸른 계단이 차례로 무너져 내리고, 절벽에서 하얀 고통들이 비명을 지르며 부서진다"(「詩」, p. 82)는 문장이나, "거친 비포장도로를 거닐며 당신과의/ 기억들이 환호하는 것을 귀담아들었다"(「거짓말의 목소리」, p. 88)는 문장에서도 추상명사의 애니메이션은 계속된다. 고통, 기억 들. 고통과 기억이라고만 쓰면 그 경험의 개별성과 주체의 개별성은 얼마나 손쉽게 환원되는가. 이미 돌아갔던 곳으로 돌아가는 거리들처럼, 우리들도 이미 떠나왔던 고통들과 기억들로 다시 또 돌아온다. 출향하고 이별한 그가 실향과 실연의 상처 안에서 영원히 사랑을 꿈꾸는 것처럼. 사람들이 오고가는 일상적인 경험 속에서 시간의 질서를 재구성했던 그는 이제 추상명사의 애니메이션을 통해 실존의 풍경을 새롭게 채색한다. 고통과 기억조차 이이체의 시선에서는 섬세한 사랑의 대상이 된다.

우리는 사라질 것을 알면서 왜 살아가는가? 덧없이 사라질 것을 알면서. 우리는 살아가기 위해서 사랑하고, 사랑하기 위해서 살아간다. 「사라지는 포옹」을 보면 그렇다. 우리가 찾은 제3의 자연은 바로 사랑. 우리는 영원에 이르기 직전까지, 실외투증후군을 겪을 것이다. 늘 외투를 그리워하고 사랑할 것이다. 우리에게로 불어오는 따스한 미풍(微風)은 우리를 위협하지 않고, 우리를 조용히 어루만진다. 상처받고 깨져버린 우리의 존재를 어루만진다. "눈을 감아도 보이는 게 있다"(p. 94). 단언컨대, 그것은 사랑이다. 시한부인 우리의 형체는 안개처럼 바람처럼 사라져가지만, 다행이다. "눈 감은 내 눈앞에 눈 내리는 풍경이 펼쳐지고, 모든 것이 무너진 폐허에서 너를 안고 눈을 감는다"(p. 95).

다시, 사랑의 인사

나는 이렇게 너의 시를 읽고 꿈에서 깨어난다. 나보다 너를 더 진실하게 사랑하는 연인들이 너에게 찾아오기를 간절히 바라면서. 너를 통해서 꾼 나의 꿈이 안개처럼 흩어진다.